Julien B.
Un témoignage recueilli par
Brice POCHEVEUX

W0390061

HOMME D'ACTION

EN IMMERSION
AVEC UN COMMANDO MARINE DES FORCES SPÉCIALES

AMPHORA

Conseiller éditorial : Guillaume Morel
Mise en page : Artemishqc.com
Couverture : Thibault Panfili - Amphora
Crédits photographiques : les photographies sont de Julien B.
à l'exception de la couverture © Getmilitaryphotos - Adobe Stock
et des pages 93 et 150 (droits réservés)
Relecture : Sandrine Harbonnier
Imprimé dans l'union européenne par Sagrafic (Barcelona)

©Éditions Amphora - Juin 2019
ISBN 978 275 760 393 2

Préfaces

« Agir en homme de réflexion, réfléchir en homme d'action. » Henri Bergson nous rappelle combien l'homme dans ses actes doit maîtriser l'art subtil de l'équilibre. Il n'est pas de hasard dans nos choix, quelles que soient les circonstances qui les provoquent.

Très tôt, l'être humain, par atavisme d'abord, par mimétisme ensuite, analyse, conceptualise puis agit. Plus tard, le modèle d'éducation vient compléter ce que la nature a donné comme attributs. Ne dit-on pas souvent qu'une activité ou une situation forge le caractère ?

Dans la réalité froide de l'instant arrive le temps de faire des choix. Malheureux, heureux, ils ne sont que le résultat de nos acquis et de notre inné. Cependant, il est des circonstances aux contours toujours variés, où nos choix conduisent à la survie, à la mort ou idéalement à la vie. En effet, face au danger, à l'adversité, les réflexes conditionnent autant que l'apprentissage et fusionnent avec la personnalité de l'individu. La peur est une alliée fidèle qui aiguise les sens, renforce la vigilance et développe les instincts de survie, à condition de la maîtriser.

La panique annihile les sens, seuls les fous peuvent croire que la peur est réservée aux faibles.

On martèle souvent à nos jeunes candidats se présentant aux sélections de ne pas se cacher et de rester eux-mêmes. Ce conseil, sous forme d'invective, vient leur rappeler que la réalité de nos missions ne laisse pas de place à la comédie. La nature, psychologique, de l'individu revient au galop lorsque le stress et la fatigue le submergent. Il n'est pas question de prétendre ici que les membres des unités spéciales sont parfaits. Mais l'authenticité est un élément indispensable devant être partagé par tous. C'est d'elle, en partie, que le courage, l'engagement et l'action puisent leur origine et leur force.

Julien est l'exemple parfait de cet homme décrit par Bergson. Loin des clichés cinématographiques et livresques, où l'imaginaire se mêle à l'improbable, il livre ici le fruit d'une remarquable expérience et d'une intelligence de l'acquis dans une symbiose totale avec sa « nature ». Suivez ses pas, buvez ses paroles, et vous apercevrez peut-être une partie de ce qu'il maîtrise. Le début d'une belle aventure pour vous. Le quotidien pour lui.

Tof, ancien commando marine
et ancien opérationnel du GIGN.

« L'excellence est un art que l'on n'atteint que par l'exercice constant. Nous sommes ce que nous faisons de manière répétée. L'excellence n'est donc pas une action, mais une habitude. » Aristote

L'expérience, le vécu, la dimension pratique de la connaissance. Une notion difficile à évaluer chez les gens dans un monde où la valeur de la connaissance prime souvent sur la valeur de l'homme expérimenté, formé sur le tas.

Julien B. vous propose une histoire, la sienne, mais pas seulement, celle d'hommes d'exception, forgés au travers d'étapes décisives et tous prêts à donner leur vie pour protéger leur pays. En tant que maître d'armes, j'ai eu l'honneur de travailler avec et pour eux, et ce qui m'a le plus marqué chez ces soldats, c'est l'immense connaissance qu'ils ont d'eux-mêmes.

Catalyseurs de multiples compétences associées à une solide expérience, ces hommes sont partout ailleurs qu'en France le patrimoine transmis de plusieurs générations de commandos marine. Ce récit vous ouvre les portes aussi personnelles qu'intimes de la vie du commando et de celle de Julien que j'ai l'honneur de compter parmi mes amis et qui se livre chapitre après chapitre en isolant de chaque expérience vécue un principe clé.

Michaël Illouz,
ancien instructeur spécialisé
dans les forces spéciales françaises,
auteur des ouvrages Riposter *I et II.*

Pour Thibault.

Introduction

Quand j'étais jeune, je n'avais qu'une idée en tête : devenir à ma majorité « commando marine », la célèbre unité des forces spéciales de l'armée française. Je m'entraînais, vivais, mangeais, dormais pour ce fameux béret vert. Je savais ce qu'il représentait pour la France, pour tous ceux qui ont été défendus par le « commando Kieffer numéro 4 » lors du débarquement de la Seconde Guerre mondiale. Mon respect va encore à ses hommes qui m'ont donné l'envie et la force de poursuivre cette vocation.

À l'adolescence, je recherchais des articles, des livres qui racontaient les missions que faisaient ces hommes de l'ombre, des renseignements sur le stage commando qui est sans doute l'un des plus durs au monde, croyez-moi !

Mais malgré ces journées à chercher, je ne trouvais rien d'autre que quelques bribes narrées par mon grand-père qui les avait côtoyés pendant la guerre d'Indochine. C'est à cause de ce manque de réponses, importantes à mes yeux, et du besoin qu'ont les jeunes d'être orientés dans leur choix que, vingt ans plus tard, je décide d'écrire ce livre, *Homme d'action*.

Dans celui-ci, vous allez pouvoir vous projeter dans le monde très secret et fermé des commandos marine et découvrir la réalité de cette unité légendaire par le biais d'histoires authentiques. Vous vous rendrez compte des capacités de l'armée française à agir partout, et ceci avec des moyens matériels de grande envergure.

Enfin, dans chaque histoire, des valeurs morales que l'on retrouve dans la vie au quotidien et qui sont propres à tous vont vous permettre de vous projeter dans ce qu'est la réalité des forces spéciales.

Vous trouverez non seulement des réponses dans ce livre, mais aussi une source de motivation pour la vie de tous les jours.

Julien B.

Lorsqu'on m'a proposé de recueillir le témoignage d'un commando marine, je dois avouer que je n'avais aucune idée précise de ce que représentait ce métier, si on peut appeler cette vocation, qui touche presque au sacerdoce, un métier !

Progressivement, en écoutant les histoires de Julien B., cet ancien soldat des forces spéciales affecté au groupe contre-terrorisme et libération d'otages (CTLO), j'ai pris conscience de l'importance qu'avaient ces hommes qui vivaient au plus loin des projecteurs et qui formaient malgré cela un des socles les plus solides de notre démocratie. Il m'est alors venu à l'esprit une citation qui pourra éclairer l'idée que je me suis faite de ces hommes : « Je vis dans le sang et survis par le conseil des morts. »

Car c'est aussi de cela qu'il s'agit, de ceux qui, jour après jour, risquent leur vie pour que nous puissions vivre tranquillement la nôtre. De ceux qui affrontent un danger quasi permanent où les risques pris sont si élevés, comparés à notre monde civil, qu'on ne peut, pour l'envisager, que se référer à une réalité d'ordre fictionnel.

Ce dont je me suis ainsi rendu compte, c'est que les films et les livres qui traitent de la vie de ces hommes et de leur travail sont souvent en deçà de la réalité. Combien sont, aujourd'hui, ceux qui sont prêts à se sacrifier tous les jours pour défendre l'intégrité d'une nation, pour pallier la recrudescence du fanatisme et de la violence qui l'accompagne, pour endiguer le fléau de la drogue ?

Qui ira sauver les otages, pris chaque année dans les griffes des terroristes ? Qui aura la force de lutter contre l'autoritarisme sanglant d'une dictature à l'autre bout du monde ?

Ce qu'enfin j'ai réalisé, c'est que, quand on parle de ces « unités d'élite », on ne parle pas d'élite politique, professionnelle, médiatique ou bien même sociale, mais plutôt de ce qui représente au contraire une vraie élite, c'est-à-dire des gens forts, aux valeurs exceptionnelles, qui font le don de leur vie pour le bien de chacun.

Cette plongée inédite dans le monde des forces spéciales associée à des exercices simples et efficaces prodigués par ce soldat de choix guidera les plus aguerris dans leur aventure militaire ou sportive et aidera les personnes dont le rythme de vie est sédentaire à adopter des habitudes saines et bénéfiques au quotidien.

Brice Pocheveux

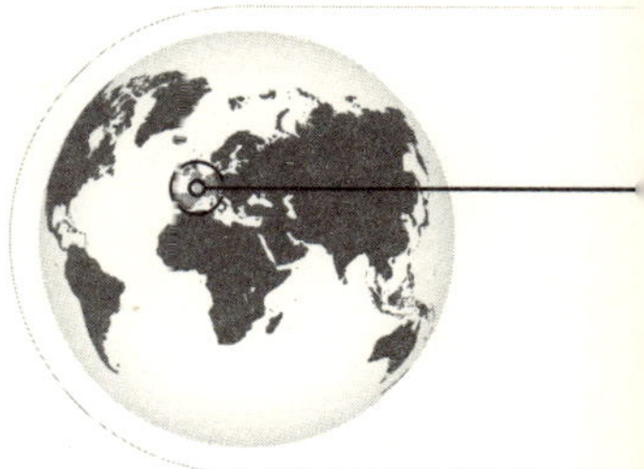

Béret vert, forger son mental

« Sortis du ventre de la nuit,
ils sont porteurs des foudres de Neptune. »

Le stage de commando marine est, au-delà de sa réputation notoire, l'unique moyen pour décrocher le béret vert et ainsi incorporer les forces spéciales françaises.

Le béret vert est l'apanage de ces unités d'élite qui ont hérité de la coiffure du 1er bataillon de fusiliers marins commandos (1er BFMC), dirigé par le capitaine de corvette Philippe Kieffer[1] lors du débarquement de la Seconde Guerre mondiale. Cette troupe d'exception, entraînée par les forces spéciales (SAS[2]) en Écosse dès 1942, demeure à ce jour la fierté de l'armée française. Porter le mythique béret vert, de surcroît

1 Il donnera son nom au sixième commando marine créé en 2008 au sein de la Marine nationale.
2 Special Air Service.

à droite, c'est se rendre digne de la seule unité française à avoir participé au débarquement.

L'épreuve se déroule en deux parties : les deux premières semaines sont les plus physiques, le corps est poussé dans ses derniers retranchements, le manque de sommeil, les interminables efforts poussent les hommes dans un état limite où l'esprit de survie sert d'implacable aiguillon à la persévérance. La suite du stage, axée sur les spécialités techniques des commandos marine – tir, investigation, reconnaissance, protection, combat urbain, intervention, sabotage –, associe une série de missions constituant les fondements de l'apprentissage des hommes qui commencent à acquérir de plus amples responsabilités.

Les semaines qui suivent, chacune consacrée à des domaines spécifiques, débouchent, pour le peu d'admis, à l'accomplissement d'une série de missions dont la dernière, sous forme de synthèse, couronnera l'aventure et gratifiera les hommes du symbole de l'excellence tant prisé, le béret vert. S'ensuit un stage parachutiste réglementaire pour obtenir son brevet et ainsi faire partie intégrante des commandos marine.

Ce qui frappe quand on entre dans les murs du stage commando, ce n'est pas l'architecture des bâtiments, les espaces verts qui courent au loin vers les édifices en bois où nous attendent les épreuves, mais c'est cette odeur particulière retenue dans l'atmosphère qui la rend lourde et pesante. Ceux qui ont passé le stage, avec succès ou pas, saisiront mieux que quiconque ce dont je parle, cette odeur dont on se souvient toute sa vie.

Les deux premiers jours sont assez simples, ce qui ne veut pas dire faciles. Ils sont bien connus et figurent comme les premiers tests d'entrée du stage. À 8 heures du matin, nous sommes rassemblés en tenues de parade, c'est-à-dire en « bleu et pompon » pour assister au discours de l'instructeur et du commandant. On ne peut que se sentir tout petits, face à la noblesse et au prestige de l'encadrement.

Après la fin du discours, on commence par une première mise en bouche, avec le « boulet-pagaie ». Il s'agit de porter sous la pluie un boulet d'une cinquantaine de kilos et des pagaies en fonte à travers un terrain boueux jusqu'à la cuve. Avec notre tenue, la température monte d'un cran, nous avons une vareuse, un pull et toujours notre pompon sur la tête. Certains font l'erreur de prendre une pagaie à deux et de courir loin en tête, tandis que d'autres restent solidaires et portent les charges tous ensemble, les premiers arrivés sont fautifs et font punir tout le groupe. Ce qui importe d'abord aux yeux des instructeurs, c'est l'esprit de cohésion.

À l'issue de l'exercice, on passe en treillis et on commence les tests physiques. On fait des tractions, des pompes, des abdominaux, des flexions et, bien sûr, des montées de corde. Cette épreuve met une énorme pression sur les candidats. En effet, au-delà du FAMAS et du sac de 11 kilos avec lesquels les hommes doivent se hisser, les cordes sont trempées et donc extrêmement glissantes. Ceux qui n'ont pas de bons bras et surtout la technique adéquate sont d'emblée éliminés, soit une vingtaine sur 91. Derrière s'ensuit le « 90 mètres porté » consistant, comme son nom l'indique, à porter un homme sur 90 mètres sans tomber, et cela en deçà d'un temps précis.

Les tests paraissent anodins, mais sont conçus pour connaître la capacité des stagiaires à pouvoir réagir dans des situations critiques, par exemple, ici, sauver un soldat blessé. Évidemment, pour nous mettre en condition de guerre, entre toutes les épreuves, nous sommes envoyés un nombre infini de fois déplacer les « boulets-pagaies ». Il va sans dire que la tension est constante, il n'y a pas d'attente tranquille, le rythme plus que soutenu ne nous offre aucun répit.

Après le repas du midi, on nous soumet à une course d'orientation de 25 kilomètres, toujours avec un temps à respecter. Ici, c'est l'aptitude à la lecture de cartes et à l'utilisation de la boussole qui me démarque des autres.

Le soir, nous voyons encore une dizaine de stagiaires partir, ce qui fait qu'un tiers de l'effectif a été éliminé lors de la première journée. À 1 heure du matin, on consent à nous laisser dormir.

Le matin du deuxième jour, nous sommes rassemblés et prêts à 7 heures, pour effectuer deux marches commando, dans un premier temps, une brève course de 1 500 kilomètres en moins de 7 minutes et, ensuite, après 15 minutes de pause, une autre de 8 kilomètres en moins de 55 minutes, toujours avec notre sac et notre arme.

L'épreuve, aussi simple qu'elle paraisse, relègue une dizaine de stagiaires dans les rangs des recalés. À ce stade, ce sont, pour la plupart, des hommes mal préparés physiquement ou victimes de blessures. L'un étant souvent la cause de l'autre.

S'ensuit la mythique épreuve de la cuve, tous les hommes en ont entendu parler et tous la redoutent, non pas qu'elle soit difficile en soi, mais elle présente des particularités qui sont des plus repoussantes. Une fois mis en attente sur les parapets venteux de son imposante façade, on ressent à quel point ce gouffre obscur combine à lui seul tout ce à quoi l'esprit humain veut se soustraire, la hauteur, l'eau gelée avec le choc que cela promet et, enfin, la saleté qui fait que, dans ce jus marécageux, on ne voit pas à plus de 5 centimètres.

En effet, comme nous le rappellent les instructeurs, l'épreuve consiste « seulement » à nager 25 mètres et, au bout de ceux-ci, à aller chercher sans aucune visibilité un plongeur à 5 mètres de profondeur, puis à refaire 25 mètres pour atteindre la fin du parcours.

Alors que nous attendons notre tour, deux par deux, sur la plate-forme en haut de la cuve, en treillis, chaussures Pataugas et Mae West[3], on voit le premier stagiaire plonger pour faire son apnée, mais qui, tandis que les secondes passent, ne remonte pas à la surface. Alors que les instructeurs commencent à se poser des questions et que, nous, nous commençons à nous inquiéter, nous voyons soudain, de l'autre côté de la cuve, le corps de l'homme remonter, inanimé, en hypothermie.

Nous accusons un réel coup dur, moi en particulier, sachant que je passe juste après. Les cadres, voyant l'effet de l'incident s'imprimer sur tous les visages, font un discours pour nous remotiver, et l'épreuve se poursuit, comme si de rien n'était.

L'après-midi est dédié au tir au FAMAS, ce qui nous laisse un petit moment pour nous décontracter et joindre l'utile à l'agréable.

Le soir, on peut compter quinze nouveaux stagiaires éliminés. Il ne reste donc plus, au bout du deuxième jour, que la moitié des effectifs de départ.

3 Balise GPS.

On entre maintenant dans le vif du sujet : à 19 heures, nous sommes tous rassemblés. Alors que, de toute façon, il pleut déjà et qu'il fait nuit, on nous passe dans un bac à eau : on en ressort trempés, puis on nous laisse en attente, tout seuls, tremblant dans le froid, pendant des heures. Au bout d'un moment, on nous envoie dormir mais, dix minutes plus tard, les cadres reviennent nous chercher, nous font repasser dans le bac à eau, nous remettent en attente, et ainsi de suite.

Pour la première fois ou presque s'opère ce déclic bien connu de ceux qui font partie des forces spéciales. Le cerveau se met sur veille, sur off, et laisse le corps, et je ne sais quelle force inconsciente, prendre le relais. Cette nuit fut mémorable : tous collés les uns contre les autres comme une meute, nous avons repoussé des limites qui nous étaient jusque-là inconnues. Elle eut le mérite terrible qu'on la baptise « la nuit des longs couteaux », comme si quelque chose avait été tué en nous et qu'un autre être en était ressorti, plus dur, plus fort, que nous étions allés chercher dans les tréfonds de nous-mêmes.

Pendant les deux premières semaines, les épreuves sont axées sur des pistes chrono. D'ailleurs, en guise d'introduction durant la première, un parcours jungle à 6 mètres de haut sans assurage, un stagiaire tombe et se brise le tibia. La deuxième semaine repose sur un parcours commando orienté sur la force physique, et particulièrement sur les bras et le cardio. La troisième consiste en un parcours assaut long et technique où l'on doit se débrouiller et donc improviser. Pour finir, on se retrouve, une fois de plus, au fond de la cuve.

Les instructeurs nous refont faire les parcours quatre fois en notant nos moyennes, ceux qui n'ont pas une note suffisante sont directement éliminés. Pour résumer, nous faisons chaque jour une piste différente, que ce soit une piste aquatique en mer ou en piscine. Et tandis qu'il se met doucement mais sûrement à neiger, on continue à se nourrir des frugales rations de combat qu'on consent à nous remettre.

Entre toutes les pistes chrono auxquelles nous participons, nous devons faire des marches commandos évolutives. La première semaine, elles vont de 8 à 10 kilomètres puis passent à 12 kilomètres, la deuxième semaine, elles s'étendront de 15 à 30 kilomètres. Ces longues marches dans lesquelles nous n'avons toujours pas abandonné notre sac réglementaire et notre fusil sont elles-mêmes entremêlées de séances de tirs, de « méthode naturelle » et de courses d'orientation.

Les méthodes naturelles sont des manipulations qui durent globalement 2 heures, par lesquelles nous apprenons des techniques de camouflage, de franchissement d'obstacles en hauteur ou à terre, et pendant lesquelles on se retrouve souvent, il faut bien l'avouer, à ramper dans la boue. Être en mesure de faire partie d'une unité d'élite ne dispense pas de ce retour complet aux actions les plus primitives : il faut retourner à la terre, la sentir, la bouffer, s'y appuyer, s'y frotter, s'y enfoncer pour en connaître chaque grain, pour ne jamais se laisser surprendre par ses transformations mais, au contraire, se servir d'elle. Il faut que la nature, dans tout ce qu'elle regorge de matière, que ce soit de l'eau, de la roche, du sable, de la boue ou de la terre, devienne une seconde peau. Pour prétendre au plus haut, il faut connaître ce sur quoi reposent nos appuis, c'est-à-dire le plus bas : ainsi se construisent les fondations les plus solides.

Quant aux courses d'orientation, elles ponctuent principalement nos week-ends et nos nuits, elles se déroulent de jour, de nuit, avec un binôme, sans binôme, avec une carte, avec une boussole, sans carte, sans boussole, etc. Celles que nous effectuons presque toutes les nuits sont appelées « topos »[4] pour topographies et reproduisent les vraies conditions d'une infiltration ou d'une enquête de terrain en temps de guerre.

La particularité de ces courses est que ceux qui les finissent les premiers peuvent dormir 2 heures et que ceux qui arrivent en dernier commencent la journée sans dormir. Il en va de cette injustice comme de la vie : elle est impitoyable et n'a aucune considération pour les plus faibles. Le stage nous prépare au pire, et la pire règle pour nous, hommes civilisés, qui est pourtant la règle fondamentale de la nature, est que les plus faibles déclinent les premiers.

Le fameux « parcours boue » marque la fin de la deuxième semaine. Cet exercice représente le débarquement des Alliés en Normandie, et plus précisément du commando Kieffer. Tôt le matin, les cadres nous amènent en Zodiac à la rivière du Scorff et nous divisent en équipe de 6 hommes. Comme d'habitude, les exercices aux énoncés les plus simples sont rarement les plus aisés à réaliser : ici, on doit ramener notre Zodiac sur un parcours de 3 kilomètres. L'exercice est un calvaire physique et mental. Alors que nous nous traînons nous-mêmes dans une boue épaisse impraticable, nous devons tirer notre Zodiac ensemble, pour progresser mètre après mètre. Ceci évidemment alors que nous sommes harcelés de grenades d'entraînement, de tirs de balle à blanc, de lacrymogènes et de fumigènes par les cadres. C'est de tous les exercices celui qui a créé le plus de cohésion entre les membres du stage. Le bourbier est d'une telle profondeur qu'il faut souvent trois personnes pour en sortir une immobilisée : on souffre ensemble, mais on réussit ensemble.

4 L'étude topographique, du grec *topos*, « lieu, endroit », consiste à l'observation et à la description d'un lieu.

Pour la première fois, les instructeurs nous laissent un petit moment tranquilles après cette épreuve, on souffle quelques minutes, et je profite d'un rayon de soleil qui me tombe dessus. Après les jours de neige que nous avons encaissés, nous sommes dans un tel état de privation qu'un peu de soleil m'apparaît comme le plus grand des bonheurs. La vie quotidienne, son lot d'habitudes, d'obligations et de répétitions nous voilent ce que représente le simple fait d'être au chaud, baignés sereinement dix minutes dans une douce chaleur.

L'après-midi, nous effectuons une « piste d'audace » avec divers parcours, dont un en hauteur, toujours sans assurage, où nous sommes testés sur notre appréhension et notre courage.

La nuit, l'entraînement continue avec des topos, le relâchement est étranger au stage commando qui évalue les hommes sur leur capacité à résister et à être performants dans la longueur. Le coup d'éclat, aussi étincelant qu'il puisse paraître, ne vaut rien dans une guerre qui se réalise inévitablement sur une durée étendue.

Pour le deuxième vendredi que nous passons au stage, les cadres nous ont concocté une marche collective de 30 kilomètres, intensifiée par le port d'armes lourdes, de cordes et de matériel divers, en plus de notre sac qui, cette fois, pèse 25 kilos, afin de nous tester sur la cohésion du groupe.

À la fin de la deuxième semaine, ceux qui restent sont sous tension. Le mental est atteint, et l'attente des délibérations des instructeurs, le vendredi après-midi, après la marche collective, redouble l'état critique dans lequel l'enchaînement des épreuves nous a mis.

Sur les 40 qui restaient, seuls 15 continuent, c'est une immense victoire. Néanmoins, on a beau être soulagés, on reste sur nos gardes. On apprend aussi qu'on nous laisse notre week-end, même si on est bloqués dans l'enceinte du fort. Nous avons rendez-vous le lendemain à 8 heures pour la seconde partie du stage, celle qui sera la plus intéressante.

Dès le début, on se rend compte que les exercices physiques purs laissent place à des missions spéciales, axées sur un thème qui changera au fur et à mesure des semaines. On étudiera par exemple le tir, l'investigation, le combat urbain ou le sabotage.

Le soir, les cadres désignent deux chefs pour mettre en place toute une mission et pour effectuer un briefing. On nous laisse une relative autonomie et, surtout, la possibilité de montrer ce que l'on a appris et retenu lors du stage. Si la mission est un succès, on peut dormir 4 heures, si elle est un échec, on est privés de sommeil.

Lors de ces semaines, on apprend beaucoup plus, on n'est plus dans le « ramassage » du début du stage, qui servait à tester les stagiaires tout en écrémant les plus résistants. Notre apprentissage commence et le socle de connaissances sur lequel on va se construire prend véritablement forme. Lors des missions de nuit que nous effectuons, nous mettons en pratique tout ce que nous avons appris et particulièrement les notions qui ressortent des exercices de la journée : investigation de bâtiment, arrestation ou traitement de « *targets* », récupération d'otages, mission de tirs.

La troisième semaine est dédiée au sabotage explosif, propre aux commandos, à l'image de la résistance lors de la Seconde Guerre mondiale. On manie des explosifs, des lance-missiles et, une fois de plus, le soir, on exécute des missions de mise en œuvre de nos connaissances et des briefings. Cette semaine est une des moins physiques, car le calcul des charges demande énormément de lucidité. Il vaut mieux le dire lorsqu'on n'a pas compris une instruction que se taire lorsqu'on l'a mal comprise.

La quatrième semaine est consacrée aux activités aquatiques, c'est une semaine pénible où nous sommes jour et nuit dans l'eau, dans la cuve, dans la piscine, dans la mer, dans la rivière et, ce faisant, nous portons, poussons, traînons notre Zodiac. Il fait froid et il neige, l'eau de la cuve ne dépasse pas 3 °C ; quant à la température de la mer, elle oscille entre 7 et 8 °C. Nous réalisons des raids et faisons de la nage en palmes de nuit pour nous aguerrir aux situations qui sont du ressort de la marine.

Les épreuves sont épineuses, et l'effectif des stagiaires subit de nombreuses pertes. J'assiste aussi à un événement auquel j'étais loin de m'attendre. Il y avait, dans notre groupe, un ancien légionnaire qui possédait un fort tempérament. Sa grande gueule et son caractère bien trempé ne l'empêchaient malheureusement pas de craindre l'eau, ce qui en faisait la cible des instructeurs qui s'assuraient constamment de la fiabilité de son comportement en le soumettant à des situations de plus en plus difficiles. Lors de la énième répétition d'un exercice, alors que les cadres, à leur habitude, poussent le stagiaire dans ses limites, cette espèce de vieux briscard se met soudainement à craquer, pleure et jette l'éponge.

Un conseil au futur postulant : ne laissez voir vos faiblesses à personne et, surtout, travaillez en amont dessus, de sorte qu'elles s'annulent ou qu'elles deviennent des forces. Personne n'est invincible, mais il s'agit surtout de colmater les failles que nous nous connaissons, afin de ne pas laisser l'adversité profiter d'elles.

À la fin de cette semaine difficile, nous ne sommes plus que 10. Les week-ends se déroulent globalement de la même manière quand nous ne sommes pas en courses d'orientation ou en topos, c'est-à-dire que nous sommes au repos, mais toujours confinés à l'intérieur du fort. Nous avons une autorisation de sortie le samedi après-midi pour laver notre linge ou faire quelques courses.

Les imprévus sont le fer-de-lance des instructeurs qui ne cessent de prendre le contre-pied de nos attentes. Par exemple, ce week-end-là, ils nous laissent du vendredi soir au lundi matin dans la cuve sèche. Enroulés autour d'une corde accrochée à leur 4 x 4, ils nous remorquent un à un, en nous accordant une ration pour deux.

Bizarrement, on est bien, enfermés dans cet immense trou circulaire de 20 mètres de hauteur, on se contente de peu et puis, surtout, on est tranquilles. On trouve même le moyen de se faire un feu, ce qui est toujours bénéfique pour le moral. Ce moment de calme permet de resserrer les liens entre les hommes et de remotiver tout le monde.

On nous assigne également une semaine aéro où on se familiarise avec les manœuvres en hélicoptère, de nuit et de jour.

Lors de la sixième semaine, comme nous nous rendons au fort de Saint-Julien, les instructeurs en profitent pour arrêter le convoi à Quiberon et nous somment de faire une marche de 15 kilomètres dans le sable. À chaque pas, on s'enfonce dans cette matière molle, impraticable, exténués par l'assommante répétition des activités. Cette marche tient une bonne place dans ces moments où l'esprit se donne une peine terrible à suivre le corps qui, lui, avance, coûte que coûte. Il n'y a rien de pire que la répétition, l'usure sans limites, pour entamer le moral d'un homme. C'est en rongeant la couche de force raisonnable qui suffit à sa vie de tous les jours qu'on peut voir apparaître les fondements de l'être et ainsi juger de la solidité de ceux-ci. Si un gros morceau de bois suffit à fixer une cabane, croyez-vous qu'il suffira pour faire tenir une maison ?

Cette semaine, axée sur le travail aquatique et particulièrement sur le franchissement de rouleaux et sur le retournement du Zodiac, nous apprend que nous sommes un groupe dont la force est l'unité. Nous devons réagir comme un seul homme, pour la réussite de la mission et pour la survie du groupe. Une faille chez un homme, et c'est tout l'effectif qui s'expose. Dans notre profession, l'erreur n'est pas un simple faux pas, c'est ce qui sanctionne toute action d'une possibilité de mort.

Aussi, nous prolongeons le travail dans l'eau par des parcours dans les douves du fort et par des investigations de nuit pour nous familiariser plus encore avec les JVN[5], qui nous seront d'un usage indispensable en activité.

Au beau milieu d'une des dernières semaines, un mercredi, nous sommes en charge de réaliser un exercice spécial à l'ampleur plus que considérable. Étalé sur deux jours, il consiste en la délicate mission de récupérer des otages, une des spécialités des unités spéciales.

Nous procédons en binômes, largués à distance du lieu de récupération. Nous devons, avant l'action finale commune, nous rassembler avec l'équipe à un point et à une heure donnés.

5 Jumelles de vision nocturne.

Les ordres de la mission sont d'agir comme au temps de l'occupation : on peut faire du stop, on peut dormir où l'on veut, du moment que l'on ne se fait pas prendre. Simulant une exfiltration en pays hostile, la débrouillardise et l'ingéniosité sont de rigueur.

En fin d'après-midi, on arrive au point de ralliement, mais, étrangement, il n'y a personne. On attend un peu, sachant qu'on est pourtant dans le bon créneau horaire, avant de se décider à se rapprocher discrètement de l'endroit. Là, les instructeurs sortent des fourrés, m'attrapent, me cognent gentiment puis me passent une cagoule et des serflex.

Le coxage commence.

Ils attraperont chacun leur tour tous les membres de l'effectif pour les emmener dans un endroit froid et humide, au sol trempé. La vision entravée par nos cagoules, nous sommes corrigés, malmenés, rudoyés, boxés puis interrogés sur notre situation. On nous demande qui on est, ce que l'on fait ici, quel pays on représente.

Dans une situation comme celle-ci, personne ne peut se taire indéfiniment, le secret est de dévoiler le moins de détails possible et de ne donner à entendre que des bribes de vérité générale. C'est là toute la difficulté de ce grand test épique. Entre les noyades, les tabassages, les mises sous contraintes physiques, nous sommes questionnés de nouveau. Le coxage est un moment d'une intensité extrême, le seul moyen d'en venir à bout convenablement est d'avoir la force de laisser son esprit quitter son corps. Mis à genoux, presque nus, en position de soumission sur la tranche d'une marche, pendant une durée indiscernable, la seule solution pour résister est de mettre son cerveau sur off. La conscience n'est pas faite pour endurer ce genre de supplice, un bon moyen de les supporter est aussi de se focaliser sur des images positives. Je me souviens de m'être projeté, alors que mes genoux en sang s'enfonçaient dans la tranche de la marche, sur une plage des Caraïbes. Dans tous les cas, tout est bon pour s'échapper, même si ce n'est que mentalement, du moment présent. Alors qu'on m'enlève ma cagoule un instant, je vois, sur le côté, un homme qui est dans la même position que moi. Quand il essaie de se lier d'amitié avec moi par quelques phrases pleines de sagacité, je comprends que c'est un cadre qui tente de me soutirer des informations.

Ensuite, on nous emmène en bateau sur l'îlot Saint-Michel à 600 mètres du port de Lorient. Là-bas, on nous laisse l'opportunité de nous échapper *via* un passage souterrain. Dans le noir complet, nous nous retrouvons dans une excavation à peine plus large que la longueur de nos épaules. Le passage est si étroit que nous ne pouvons qu'avancer, et cela en rampant avec peine, dans ce qui forme en fait un immense labyrinthe. Le dédale est si complexe que les plus lents mettent jusqu'à 6 heures pour le traverser. Ici, la difficulté est d'ordre psychologique, on doit faire taire le claustrophobe qui sommeille en chacun de nous pour avoir une chance de sortir. Les plus rapides qui finissent l'épreuve en 3 heures attendent en pleine nuit les derniers à la sortie du tunnel. Nous sommes en caleçon, au garde-à-vous, en plein vent.

Une fois tous les stagiaires sortis, vers 7 heures, les cadres remettent le béret vert aux trois premiers du classement des six premières semaines. J'en reçois un, mais, évidemment, il n'y a pas encore dessus le fameux insigne des commandos. Nous sommes tous extrêmement fiers. Le plus dur est passé.

Nous avons le droit à un discours du commandement et nous retournons dans l'enceinte du stage. On nous envoie tout de suite à l'infirmerie, ce qui nous laisse un court, mais heureux répit d'une heure.

À la reprise du stage l'après-midi, on constate que les instructeurs changent de manière d'être avec nous, ils changent de ton et commencent à se dérider. On sent que l'on est proches de la fin même si on a toujours la pression quant à l'achèvement du stage.

Le week-end, nous avons droit à deux missions qui se rapportent directement aux spécialités des commandos marine ; la semaine suivante, nous allons à « la chaise du diable » pour travailler sur le franchissement, la spéléo et le « combat guérilla ». La nuit, nous ne cessons de faire des missions d'application, ce qui ne nous laisse que 3 heures de repos. Les microsiestes sont le seul moyen de rattraper un sommeil qui est d'une importance primordiale avec un rythme d'activité si soutenu.

Néanmoins, on est motivés, car on apprend énormément de techniques, de méthodes et de procédés qui accroissent nos compétences et nous permettent de devenir plus autonomes. On finit la semaine, le vendredi, par une marche commando de 30 kilomètres et, le soir, on nous soumet à une mission dont l'envergure exceptionnelle nous indique qu'elle constitue l'apogée du stage.

Elle se présente donc comme une authentique mission des forces spéciales. Elle demande, entre autres, de vrais moyens techniques, tels des hélicoptères et des explosifs, la mise en avant de plusieurs responsables, dont un grand chef de mission, la construction de maquettes, une étude de plans et de photographies. Son organisation approfondie nécessite un week-end de préparation.

Le lundi matin, nous présentons la mission dans un briefing devant le grand chef des commandos, les amiraux et toute la hiérarchie. Ils tentent naturellement de nous piéger par des questions précises qui supposent d'avoir envisagé la mission sous tous les angles et d'avoir peaufiné chaque étape relative à son exact déroulement. Si chaque chose a son importance, les détails sont le cœur des missions commandos.

L'après-midi, nous préparons le matériel et, le soir, la mission commence, c'est une synthèse complète de tout ce que nous avons appris, avec une infiltration pédestre de 100 kilomètres, du kayak sur 30 kilomètres, de la collecte de renseignements, du sabotage à l'explosif, de la neutralisation de terroristes avec un renfort des hélicoptères, une exfiltration pédestre, puis héliportée et un retour en kayak.

Face à nous, plus de 20 personnes nous traquent avec l'aide de maîtres-chiens, mais on arrive à se dépasser et à ne pas faire d'erreur. On touche enfin à notre rêve, le travail est propre, l'équipe est soudée. Tout ce que nous avons vécu a fait que nous sommes unis par des liens forts qui nous permettent de réaliser une mission digne des forces spéciales.

Le vendredi après-midi, on nous remet le béret vert dans une cérémonie en petit comité. C'est l'apothéose du stage, tout simplement la réalisation d'un rêve qui ne s'est pas accompli sans tourments, mais qui a tout de même fini par s'accomplir. C'est un moment intense et émouvant que je vis avec mes nouveaux frères d'armes, et, quand un ancien soldat du commando Kieffer me remet la coiffe symbolique des forces spéciales, je savoure l'instant qui restera inoubliable.

Exercice

S'engager

L'exercice qui suit ne se restreint pas à un domaine d'application. Si j'ai décidé de le mettre à la suite du STAC[6], c'est qu'il représente une des clés de la réussite de tout challenge, entreprise ou défi de toute sorte.

Ce n'est pas pour rien qu'on n'entre pas dans l'armée, mais qu'on s'y engage. Car, dans le mot « engager », il y a le mot gage, qui signifie « garantie ». Pour aller au bout de ce qu'on s'est fixé comme objectif, il faut tout d'abord s'y engager pleinement. C'est-à-dire se donner à soi-même le plus de garanties de réussite possible.

Cet exercice n'est pas réservé à des militaires ou à de grands sportifs, qui baignent depuis longtemps dans un environnement où leurs efforts sont naturellement favorisés par l'entourage, le milieu ou autre, il est au contraire destiné à M. et Mme Tout-le-Monde, qui, comme la plupart des gens, n'ont pas le temps ou la motivation pour accomplir ce qu'ils se sont engagés à faire. Par exemple, comment tenir toutes ces bonnes

6 Acronyme du stage commando.

résolutions dont nous nous sommes repus en fin d'année en finissant la boîte de chocolats ?

On pourra commencer par s'envoyer un mail dans le futur pour verbaliser sa résolution et ainsi lui donner corps en se projetant dans quelques mois, lors de la réception du message. Vous pourrez facilement essayer sur futureme.org, littéralement « future moi », un site qui permet de se délivrer des lettres à une date ultérieure à celle de l'envoi.

Pour la résolution en elle-même, ne voyez pas trop grand : il vaut mieux en réaliser une seule que de noyer sa volonté dans cinq objectifs trop éreintants, dont l'idée seule va suffire à vous décourager. Se dire que, d'un coup, on va arrêter de fumer, se mettre à la gym, perdre 10 kilos, se mettre à lire Freud, c'est faire des rêves éveillés, alors que, au contraire, en commençant par se focaliser sur une seule résolution, on introduira l'étape essentielle, c'est-à-dire le premier pas, qui pourra nous faire entrer dans le cercle vertueux de la réalisation.

Petite astuce : pour les activités nouvelles telles que le sport, si vous vous inscrivez dans un club en septembre, sachez que la plupart des nouveaux inscrits décrochent pendant ou après la période de Noël, méfiez-vous donc de cette date où l'on prend souvent de bonnes résolutions pour en oublier d'autres ; s'engager veut aussi dire persévérer. Prenez un abonnement si possible près de chez vous, de sorte que le trajet trop long ne vous serve pas d'excuse durant les longues et froides nuits d'hiver.

Optez pour un engagement à deux, partagez votre résolution avec votre compagne, vos collègues, vos amis, pour que la motivation vienne aussi de l'extérieur.

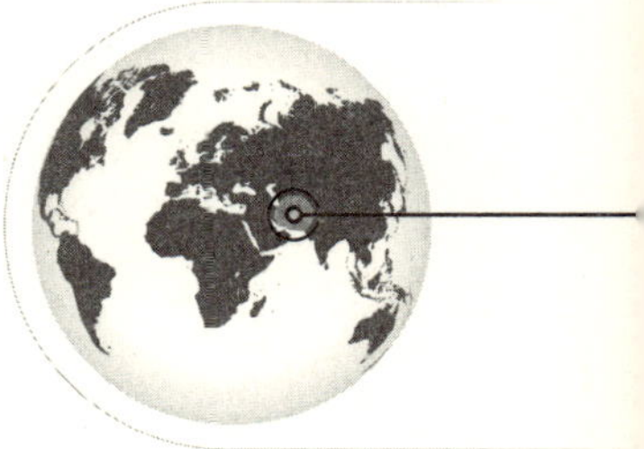

H.V.T., renseigner et sniper

Cette mission tomba, comme souvent dans notre métier, tôt le matin, alors que nous étions stationnés sur une *fire base*[7] au sud de l'Afghanistan : nous devions neutraliser ce que l'on appelle dans la terminologie militaire une *high-value target*[8], littéralement une cible de grande valeur, située à la frontière du Pakistan et de l'Afghanistan. Le départ ayant lieu le lendemain soir, il restait deux jours à employer à la mise en place de la mission.

Pour l'efficacité de la préparation, les chefs travaillent sur l'organisation et sur le déroulement de l'action proprement dit, tant au niveau des effectifs qu'au niveau matériel. L'équipe d'intervention s'applique quant à elle au regroupement et à la vérification de l'équipement.

La partie cruciale de l'élaboration du travail repose sur la préparation en amont de toute la mise en place : elle consiste

7 Abrégé de *fire base support*, qui signifie « base d'appui pour le feu ».
8 *H.V.T.* : personne ou ressource essentielles à l'ennemi.

à rechercher, à rassembler, puis à recouper les différents éléments d'informations des services de renseignement. Ce qui motive la prise de décision d'une action stratégique est l'accumulation d'éléments sur un objectif. On ne déclenche pas de mission sur un coup de poker, on l'entreprend, avec tous les moyens et les vies qu'elle nécessite, exclusivement lorsque, à travers un faisceau d'indices, plusieurs éléments se recroisent les uns les autres.

Le groupe fut divisé en deux équipes, un groupe d'assaut de douze personnes et un groupe d'observation de quatre hommes. Ce dernier, dont je faisais partie, était composé de deux tireurs/observateurs, dont un responsable du repérage topographique ; d'un chef de cellule qui sert de *spotter*[9], en faisant la liaison entre nous et le commandement et en instruisant des éléments qui permettent un tir réussi : vent, altitude, pression, distance ; et d'un homme d'appui destiné à la protection de la cellule. Les tireurs d'élite étaient logiquement armés de fusils de précision McMillan Tac-50 calibre 12,7 x 99 mm, le *spotter* de M16 ou de M4 calibre 5,56 mm et l'appui d'une arme lourde comme la FN Minimi calibre 5,56 x 45 mm.

Le briefing conduit par tout le commandement eut lieu à la fin du premier jour en fin d'après-midi. On nous renseigna sur l'objectif, qui était un chef taliban, en nous donnant des photos et en nous indiquant le nombre d'hommes qui étaient sous sa coupe, et les signes distinctifs qui le caractérisaient. Puis il fut question des procédés utilisés, le groupe d'observation devait s'installer à 21 heures, tandis que l'assaut devait avoir lieu à 4 heures du matin. Nous devions être projetés à

9 Guetteur.

terre par un hélicoptère CH-47 Chinook, lui-même accompagné de deux hélicos AH-64 Apache et d'un hélico UH-60 Black Hawk. Cette procédure de vol toute particulière, avec trois hélicoptères de combat en soutien pour un hélicoptère de transport, a été mise en place par les forces américaines au fil du temps. Lorsqu'un Chinook vole au-dessus d'une zone sensible, il faut nécessairement trois autres hélicoptères pour l'escorter.

La mission avait d'autres particularités moins réjouissantes : on était en période d'hiver, au mois de février, et la cible avait été localisée sur le début de la chaîne de l'Himalaya, à 3 200 mètres d'altitude, ce qui, au niveau des températures, nous rapprochait des -30 °C. Nous devions donc nous tenir entre 800 et 1 000 mètres du point de mire pour renseigner et appuyer l'assaut du compound[10] qui se déroulerait à l'aube dans le but de capturer le chef taliban.

Nous arrivons à 21 heures sur les lieux de notre mission d'observation, c'est un endroit reculé et impraticable pour le pilote de l'hélicoptère qui se voit obligé de manœuvrer en stationnaire pour coller la tranche de la plate-forme arrière à flanc de montagne afin que nous puissions en sortir. Nous mettons ensuite une heure pour trouver une bonne vue sur le compound et, bien sûr, un point sécurisé, c'est-à-dire à couvert, afin d'être à l'abri d'une quelconque menace ou d'un informateur. Un simple berger peut transmettre notre position à des ennemis et, de cette façon, saboter une mission ou, pire, causer notre perte.

10 Quartier résidentiel, ensemble de petits bâtiments.

Dans l'optique de pouvoir demeurer légers et mobiles en cas de danger, nous avons emporté une quantité de matériel limitée. Nous avons, par exemple, laissé les couvertures polaires trop massives de manière à prendre plus de vivres au cas où la mission se prolongerait et que l'on resterait bloqués en montagne. Le poids de l'armement est aussi un critère primordial dans le choix de l'équipement que nous emportons sur le terrain. Comme un randonneur qui prévoit de gravir un périlleux sommet, nous devons penser à la charge supportable de matériel pour marcher avec le plus d'efficacité vers notre but. Munis de nos armes, de nos combinaisons Arctic®, de caméras thermiques, de radios, de jumelles à vision nocturne, nous ne pouvons pas nous encombrer d'éléments superficiels.

Pour n'importe quelle mission, et comme dans toute entreprise, on peut décomposer les critères de réussite en trois facteurs essentiels : 50 % de préparation, 20 % de chance et 30 % de professionnalisme, ou, pour être plus exact, de mise en œuvre de compétences.

Nous nous allongeons donc à même le sol, à moitié dans la neige et à moitié dans les rochers, les deux tireurs d'élite sont positionnés sur une même ligne afin de couvrir la plus grande surface d'observation possible, tandis que le *spotter* est entre les deux. Dos à eux, l'appui couvre nos arrières pour éviter d'être surpris à découvert. Il est un peu plus de 22 heures, nous prenons nos marques, finalisons les réglages de nos appareils jusqu'à ce que la partie « renseignement » commence. C'est parti pour sept heures de surveillance accrue, ponctuées chaque heure par une liaison avec le PCOPS, le poste de commandement opérationnel.

Le début de la vigie se déroule sans grande difficulté, nous passons les deux premières heures concentrés, l'esprit fermement focalisé sur l'objectif. Néanmoins, progressivement, aux alentours de minuit, il s'opère en nous une phase de glissement, une insinuante plongée dans la négativité.

La difficulté du travail était toute contenue dans ces mots : « tenir bon ». L'engagement de la volonté est déjà mis à rude épreuve par l'action qui l'expérimente, la soumet et l'éprouve, mais il faut bien garder à l'esprit que c'est la résistance passive du corps qui est la plus grande des épreuves psychologiques. Nous sommes concrètement dans la nécessité de fixer, sept heures durant, l'œil dans la lunette, les lignes et les aplats blancs et noirs diffusés par les jumelles à vision nocturne. De plus, bien conscients que nous sommes en territoire ennemi, nous sommes à l'affût du moindre bruit et, malgré cela, au-dessus de nos têtes, nous n'entendons que les cris glacials du vent qui, inlassablement, fulmine, comme pour émousser notre détermination.

Alors que, lentement, le froid s'insinue à travers nos gants et nos chaussures, je continue d'examiner l'écran de mes jumelles jusqu'à ce que quelque chose apparaisse, mais, là-bas au compound, rien ne bouge et, en un instant, je prends conscience de la torture qui m'attend : ne pas dévisser l'œil de la lunette, le corps tenaillé toute la nuit, entre les crocs acérés de la glace. À plus de 1 heure du matin, la dégradation psychologique accompagne la dégradation physique. Le cerveau, qui éprouve avec de plus en plus de sensibilité, à mesure que les secondes s'écoulent, la fatigue et le froid du corps, passe dans une phase critique. Il fait tout pour éviter la difficulté et commence à remettre en cause, dans une série de questions existentielles, la valeur de notre travail, l'utilité de notre métier et, pour finir, le sens même de mon existence. D'absurdes possibilités se font jour : « appeler l'hélicoptère pour être tranquillement rapatrié, avoir eu l'intelligence de rester patiemment dans un bain chaud, se tirer à jamais de ce genre de situation pour passer le reste de sa vie au soleil, etc. » Enfin, toute une série d'hypothèses improbables que le cerveau déploie mécaniquement pour s'échapper, pour passer outre une réalité trop pénible.

Pourquoi croyez-vous que, la majeure partie du temps, l'homme n'est pas en mesure de se souvenir des incidents graves qui le touchent, par exemple des instants qui précèdent un accident de voiture ou de moto ? Car, tout simplement, dans une perspective de conservation, l'esprit se détache des choses qu'il ne peut pas supporter. Tout mon travail de commando résidait là, dans la lutte contre ce phénomène de fuite, dans la suspension de l'instinct premier qui consiste à survivre en battant en retraite.

Pour pallier la négativité qui me gagne, j'use donc du phénomène inverse. Premièrement, je fais appel à cette couche mentale positive issue des images de ma vie de famille que j'évoque et que je revis, dans le but de résister à la pente naturelle de l'abandon et de la remise en cause. C'est comme si je répondais aux arguments de l'insoupçonnable démissionnaire qui venait de surgir en moi. Ensuite, je continue d'étouffer l'éruption de cet amas de sentiments négatifs par l'emploi d'une deuxième couche mentale, la plus importante, celle de l'amour du métier, de l'attachement aux valeurs qui nous ont été enseignées.

À ce moment, les principes inculqués lors du stage commando prennent tout leur sens. Nos ressources, celles qui permettent de réaliser une mission avec succès comme celles qui permettent de nous dépasser, viennent de l'expérience. En imaginant qu'un civil se retrouve dans cette situation, il sera dans l'impossibilité de tenir bon, car il serait face à une épreuve qu'il n'a jamais vécue : pour se donner une idée du niveau de difficultés inhérentes à de telles épreuves, il faut savoir que, sur 10 personnes qui ont réussi les tests d'aptitude à la carrière militaire, notamment dans la marine où échouent plus de la moitié des candidats, seules 2 personnes valident le stage commando.

Ce qui nous permet de tenir, en tant que forces spéciales, c'est de savoir intimement et fermement que cette situation, nous l'avons déjà vécue et, ainsi, nous savons qu'elle va positivement cesser. Nous avons ce recul sur la réalité, car nous avançons à travers un terrain psychologique connu. Ayant de multiples fois éprouvé la notion de temps relatif, de résistance malléable, je m'astreins à la posture de persévérance qui m'a amené à l'aboutissement de mes anciennes missions ainsi qu'au stage commando.

Malgré ma ténacité, les extrémités du corps commencent tout bonnement à se glacer sous les assauts continuels du vent. Alors, pour éviter les engelures, on bouge sans cesse les doigts afin que le sang continue à circuler. Et la balance entre la force mentale, qui nous permet de tenir, et le recul de survie, qui nous pousse à renoncer, ne cesse d'osciller. Je me répète, encore et encore, alors que le temps semble s'être arrêté pour laisser place à un vide de souffrance et d'inutilité, les raisons pour lesquelles je fais ce métier. Je me rappelle ceux pour qui je mets ma vie en jeu, mes proches et tous les autres, ces innocents qui ont besoin de moi. Et cela me donne la force de patienter jusqu'au prochain contact que nous avons instauré entre tireurs, *spotter* et appui pour veiller à ne pas sombrer. S'endormir dehors à -30 °C, même bien équipés, c'est laisser une chance à la mort de frapper.

Heureusement, la lutte a une fin, les deux dernières heures apparaissent comme les plus simples, dans mon esprit ;

toutes mes fonctions se reconnectent lorsque j'entends à la radio que l'équipe d'assaut se fait déposer. Tandis que notre *spotter* envoie les derniers renseignements à leur groupe avec des termes précis qui nous placent de plain-pied avec la réalité : entrée, sortie des bâtiments, configuration des rues aux abords, architectures, spécificités géographiques et matérielles, un hélicoptère AH-64 Apache surgit pour surveiller les hauteurs du village. À partir du moment où nous le voyons fendre le ciel, nous oublions le froid, la fatigue, les douleurs, pour nous appliquer à la réussite de la mission qui est de récupérer la H.V.T. morte ou vive.

Toutes nos capacités cognitives sont revenues, et, l'esprit alerte, nous entrons donc avec une concentration et un engagement sans faille, dans la phase offensive, qui dure un bon moment, du fait que l'équipe ne trouve pas la H.V.T. La répartition du secteur d'information est faite entre les deux tireurs, l'un est focalisé sur l'assaut et le deuxième est concentré sur les alentours du village. On distribue ainsi les rôles pour être en mesure d'éviter toute arrivée ou tout départ d'une cible, en peu de mots : pour ne pas leur laisser d'échappatoire. À chaque déplacement de l'équipe d'assaut, le tireur d'élite qui est en liaison radio avec eux leur transmet des informations vitales. La vision globale de celui-ci délivre au groupe sur le terrain de précieuses indications pour leur sécurité. Dans la lunette, on peut voir une opération très fluide, on a véritablement l'impression d'être dans un film. On est aux premières loges pour observer tous les détails de leurs mouvements et participer à l'action. Tout est minuté à la seconde. Tous les hommes tiennent leur rang dans une réelle maîtrise du sujet.

Mais, au bout de vingt minutes de recherche, un véhicule roulant apparaît dans la lunette du deuxième sniper. L'ordre est donné de stopper le véhicule, et le sniper effectue un tir direct sur le moteur du véhicule à l'aide de son fusil calibre 12,7 perforant. Le véhicule s'arrête net. Dedans, il y a un occupant qui, visiblement apeuré, ne bouge plus. Trois possibilités se présentent : d'une part, il s'agit peut-être de la cible ; ou d'un de ses lieutenants et, dans ce cas, il pourrait être armé ; ou encore d'un civil innocent. D'où l'importance d'avoir une attitude réfléchie sur la situation, de peser le pour et le contre, en évaluant un maximum d'informations et en interrogeant le plus de possibilités possible.

Dans le même temps, on informe l'équipe d'assaut du tir qui vient de résonner dans toute la vallée. Le chef de l'équipe d'assaut décide de ne pas changer son schéma d'investigation, qui est en premier lieu de sécuriser les compounds et, ensuite, d'aller sur la voiture pour vérifier l'identité du chauffeur.

Nous sommes toujours pleinement avec nos collègues sur le terrain, car il faut que nous puissions les renseigner à tout moment sur les mouvements, ralliements, déploiements possibles des ennemis. Néanmoins, ne trouvant aucune trace de la H.V.T., la formation sur le terrain fouille minutieusement les compounds alentour à la recherche d'autres cibles, en insistant rigoureusement sur la sécurité de l'escouade. Après une bonne heure d'investigation infructueuse, le groupe se dirige vers le véhicule immobilisé. Le chauffeur est toujours dedans, prostré de peur, mais son extraction ne peut pas se faire si simplement. En effet, il est bon de rappeler qu'Al-Qaïda est passée maîtresse dans l'art des « *suicide bombers* » et des voitures piégées. Le groupe d'assaut se place donc à un minimum d'une cinquantaine de mètres du véhicule pour que la cible en sorte, s'éloigne et se mette à genoux face à eux, les mains en l'air, écartées et ouvertes pour éviter l'éventuelle pression sur un boîtier de télécommande. Un trinôme s'est déplacé simultanément pour arriver dans le dos de l'homme et le maîtriser, le fouiller, tandis que le sniper est lui aussi en appui sur la cible pour éventuellement la neutraliser en effectuant un « tir tête ». Après identification, il s'avère que ce n'est pas la H.V.T., mais un taliban qui prenait la fuite. Le groupe le récupère, jusqu'à l'arrivée du CH-47, pour qu'il soit transmis à un service de renseignement afin de procéder à un interrogatoire poussé. La récupération héliportée advient à l'issue de la mission, nous demandons la récupération en comptant le temps d'arrivée de l'hélicoptère CH-47 Chinook, appuyé du UH-60 Black Hawk et des deux AH-64 Apache au point d'extraction qui est à quelques kilomètres de nous. En deux minutes à peine, nous passons, sous l'effet de l'adrénaline, d'une position statique, que nous avons tenue sept heures, au pas de course.

Il faut attendre que nous soyons dans l'hélico pour que le corps se détende enfin et que les articulations et les membres malmenés se fassent sentir. En dépit de ces embarras qui sont les inévitables inconvénients de notre métier, la mission, sans avoir été totalement réussie, s'est déroulée dans les règles de l'art.

Je le répète, car il est possible de ne pas se rendre compte que, dans notre métier, on peut tout simplement ne pas revenir d'une mission ou revenir sans des hommes. On peut aussi enlever la vie d'autres hommes quand la nécessité l'exige. Ces résultats-là sont toujours de cuisants échecs qui minent littéralement le moral et *a fortiori* peuvent avoir raison de l'équilibre psychologique d'un homme, aussi expérimenté soit-il. Heureusement, nous sommes préparés à ces situations. De plus, nous embrassons la carrière militaire et plus particulièrement les forces spéciales en connaissance de cause. Nous avons pleinement conscience que nous risquons nos vies, mais nous savons également que nous le faisons pour défendre celles de ceux que nous chérissons. Et si nous ne le faisions pas, qui le ferait ?

Exercice

Contrôler son sommeil

Le manque de sommeil est une des privations les plus dures que l'esprit puisse endurer, comme nous l'avons vu dans cet exercice de tir de précision. La fatigue peut, additionnée à des difficultés d'ordre environnemental ou logistique, nous pousser dans des états psychologiques critiques.

Sans rappeler la liste exhaustive de tout ce que le manque de sommeil induit sur l'homme, sur ses actions et ses pensées, je dois avouer que le fait de travailler sur ma capacité à contrôler mon sommeil a été un des facteurs qui m'ont permis d'aller jusqu'au bout, premièrement, du stage commando et, ensuite, de missions difficiles auxquelles nous sommes confrontés semaine après semaine dans notre métier.

En tant que tireur d'élite, garder constamment son attention en alerte est très fatigant, c'est pour cela que nous utilisons les microsiestes. Concrètement, on fait savoir à notre binôme que l'on va fermer les yeux pour qu'il se montre vigilant durant cette période où l'on va, sans changer de position, lâcher prise. Cette méthode permet de supporter des états de veille d'une longueur interminable, normalement impossibles à soutenir.

En soi, l'exercice est simple, il consiste, chaque fois que l'on a le sentiment d'être fatigué, à faire une microsieste de 10 à 20 minutes. Mais attention, faire une microsieste ne consiste pas juste à rester immobile et à rêvasser durant un court laps de temps, c'est un exercice qui nécessite de se laisser complètement aller. Ainsi, l'usage d'un réveil est vivement recommandé, de sorte de ne pas s'endormir pour une longue durée, ce qui est tout sauf bénéfique, les longues siestes altérant les capacités réparatrices de notre sommeil nocturne.

D'autre part, ceux qui le veulent pourront jauger de la valeur de cette pratique en réduisant consciemment leurs cycles de sommeil classique, d'une heure au début, puis de deux, de trois… Au fur et à mesure des jours, on pourra observer que l'on tient mieux la fatigue, plus longtemps.

Même pour ceux qui ne souhaitent pas repousser leurs limites, la pratique de la microsieste présente d'indubitables bénéfices.

On pourra la pratiquer l'été dans son jardin ou dans un parc, l'hiver au bureau ou chez soi, pour recharger les batteries avant le sport, pour être frais et dispos pour le travail, pour éviter de tomber dans l'excès des excitants (cafés, boissons énergétiques) et, même avant de sortir en soirée, pour tenir toute la nuit sans subir les habituels coups de mou qui nous font rentrer avant tout le monde !

Il est préférable de s'habituer à pratiquer la microsieste tous les jours, afin que l'esprit se prépare à ce relâchement nécessaire à l'entière réussite de cette technique.

Alors, installez-vous bien confortablement, programmez votre alarme à sonner vingt minutes plus tard, fermez les yeux, détendez-vous et, surtout, pensez toujours à vous réveiller !

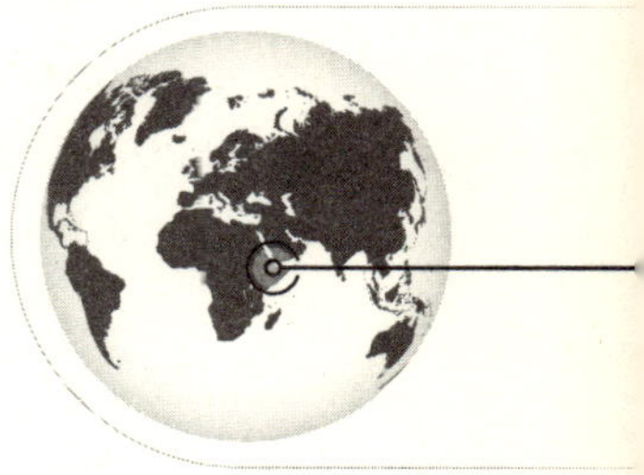

Djibouti, s'infiltrer derrière les lignes ennemies

Djibouti est un pays situé sur la corne de l'Afrique dans lequel l'armée française a établi de nombreuses infrastructures, dont une base de prépositionnement et d'entraînement des commandos marine. En effet, en plus de longer le golfe d'Aden, qui relie le continent africain et le continent asiatique, ce pays fait la jonction entre l'Afrique de l'Est et la péninsule arabique. Le golfe en lui-même constitue une des plus grandes voies de navigation maritime internationale, comprenant une des routes principales du pétrole, et débouche, entre autres, d'une part sur le canal de Suez et, d'autre part, sur le golfe Persique. Pour résumer, Djibouti est sans conteste au cœur d'un des axes majeurs des échanges internationaux.

Au-delà de sa position politique stratégique, qui permet aux forces françaises d'être propulsées à tout moment dans les zones les plus sensibles des territoires alentour, ce pays est pour nous le lieu privilégié où se rencontrent milieu désertique, milieu maritime et milieu montagneux. Ces particularités géographiques en font l'endroit idéal pour l'entraînement. De la même manière, le 1er RPIMa[11] officie simultanément, à une longitude d'intervalle, à l'autre extrémité du continent, au Gabon.

C'est aussi et surtout le lieu d'intronisation de tout jeune opérateur qui fait ses premières armes aux commandos. La tradition veut qu'un des gradés, souvent le plus ancien, attrape le béret vert de l'opérateur et lui torde l'étoile de son badge qui formera dorénavant la corne de l'Afrique. Ainsi, le jeune « bleu » passera, à travers ce symbole, au statut effectif de soldat.

Après ce rapide tour d'horizon au-dessus de Djibouti, revenons en 2002. Nous étions alors situés près du lac Assal pour une durée de quatre mois, au centre d'entraînement au combat d'Arta. Le lac Assal est l'un des sites où le thermomètre monte le plus haut sur le globe. Les températures peuvent y atteindre près de 60 °C. C'est précisément sous ce soleil de plomb que le commandement décide de nous mettre à l'épreuve avec un cas concret. L'exercice de simulation consiste à s'introduire dans un similicamp rebelle établi dans le désert pour récupérer mort ou vif leur chef et recueillir sur place le plus d'informations pertinentes sur le groupe ennemi. L'exercice vise surtout, étant donné le climat difficile et les conditions extrêmes, à nous placer dans les mêmes configurations que celles où nous pouvons être projetés lors de conflits réels.

La mission doit s'étendre, en autonomie complète, sur quatre jours. Dans nos sacs de 25 kilos, nous avons eau, nour-

11 1er régiment de parachutistes d'infanterie de marine.

riture, armement, J.V.L. et, bien entendu, de quoi nous protéger de la chaleur et du vent. La première partie de la mission se compose d'une phase d'infiltration au plus près de l'objectif, durant laquelle nous progresserons dans les montagnes afin de trouver le meilleur point de vue. De là, nous serons à même de prendre des photos, d'évaluer le nombre d'hommes, d'établir les relèves d'éventuelles gardes, de visualiser les entrées principales et la configuration des bâtiments, en bref, d'étudier toute la cinématique du compound.

Nous partons donc du point de pose, en milieu d'après-midi. Chacun de nous porte, nos sacs compris, plus de 60 kilos de matériel. Rien qu'avec l'eau, car il faut au bas mot compter 3 litres d'eau par jour et par personne, notre charge personnelle s'accroît de 15 kilos, l'équivalent de douze bouteilles de 1,5 litre, et cela sans compter ni les armes, ni le matériel, ni les rations de combat. Certains de mes collègues sont munis de cordes de rappel et du surplus de munitions. D'autres sont chargés du bon transport des lunettes focus, des appareils de renseignement et des ordinateurs qui serviront de canal d'information entre notre groupe et le poste de commandement.

Sur cette mission, je suis personnellement chargé de la topographie, je dois m'assurer du bon cheminement de l'escouade à travers cet environnement particulièrement hostile. En peu de mots, je mène l'infiltration. Comme il est préconisé de ne pas se déplacer la journée, on se met en marche en fin d'après-midi. Dès la première minute, je comprends, le visage oppressé par la chaleur et le dos comprimé par mon sac – les regards appuyés de mes collègues en disent de même –, que la promenade sera loin d'être de tout repos. Mais notre confiance ne se laisse pas si vite entamer. Les extrêmes, s'ils ne sont pas la normalité, deviennent très vite une habitude dans notre métier.

Il faut savoir que, la nuit, la température ne descend pas en dessous de 40 °C. Malgré tout, on ne cesse d'avancer, même si, dans le désert, les difficultés pour se repérer sont nombreuses, et les points de piste très limités, voire nuls. Heureusement, on se fie au GPS, qui reste une source d'informations primordiales en milieu difficile. Il ne faut pas croire néanmoins que nous n'utilisons pas la carte pour nous situer. Connaissant les conséquences des longueurs interminables du désert, on recoupe tous les indicateurs, afin de ne pas nous accabler de kilomètres supplémentaires.

Nous arrivons à la fin de la première nuit à l'entrée des montagnes. Nous établissons, sur l'un des flancs, un bivouac opérationnel autour duquel nous appliquons un positionnement de sécurité. La première journée, normalement consacrée au repos, est éprouvante. Pour se cacher du cuisant soleil, il y a bien des arbres, mais ceux-là sont sans feuilles. Nous installons sur les maigres branches le haut de nos treillis en guise de parasols de fortune. Dessous, nous profitons de précieux centimètres carrés d'ombre pour reposer nos têtes et nos épaules, qui ne sont de toute façon pas épargnées par les brûlantes rafales du vent s'immisçant partout.

La chaleur est tout simplement insupportable, nous sommes invinciblement poussés à porter le goulot de nos gourdes à nos lèvres, alors que les limites des rations sont clairement établies. La chaleur est si forte que la soif devient vite un supplice. On entend partout que l'eau est le premier élément nécessaire à la vie. Je peux vous assurer que, dans de telles conditions, on a pleinement conscience que l'eau est bel et bien le premier élément nécessaire à la survie. En dépit de nos 3 litres d'eau par jour, la déshydratation nous guette. On ne pense qu'à boire, continuellement, oubliant même de nous alimenter, car, d'ailleurs, la chaleur coupe toute envie de sustenter son corps.

Nous sommes censés dormir, mais la chose apparaît comme impossible. On végète dans un état de suffocation permanent où nos forces se dégradent et s'amoindrissent dangereusement. Nous n'attendons qu'une chose : que sonnent les 18 heures pour que nous repartions ! En me disant que je préfère le moment de l'effort au moment du repos, je comprends qu'on est tous bien empêtrés dans une des missions les plus coriaces. Et dois-je le rappeler : cette mission n'est qu'un entraînement.

À 18 heures, on se remet en route. Nous sommes maintenant dans la montagne. Le sol est rocailleux, nous crapahutons littéralement sur une petite piste appelée « la chamelière ». On arrive assez vite près d'un volcan où il n'y a que des rochers âpres et des trous. Nos jumelles de vision nocturne ne nous sont d'aucun secours, car, là où nous marchons, aucune matière n'établit de contraste net. En fait, nous avançons à l'aveugle dans la nuit noire. Encore une fois, on se rend compte que la nature est plus forte que toutes nos technologies. Nous sommes surentraînés et, pourtant, nous ne pouvons que courber l'échine devant cette terre graveleuse, raboteuse, sur laquelle le simple fait de mettre un pied devant l'autre est un insurmontable défi. Tous les 2 mètres, on tombe dans des crevasses, anfractuosités de toutes sortes, nos tibias râpent dans d'imprévisibles trous où l'on s'enfonce et d'où il faut, sans attendre, ressortir. Cette partie du chemin est malheureusement obligatoire dans notre itinéraire, elle est la garantie de ne pas être repéré par d'éventuels ennemis. Comme souvent dans la vie, ce sont les épreuves les plus pénibles qui nous dispensent les meilleures places. Durant ce chemin de croix où nous nous retrouvons vite les mains et les genoux en sang, les poignets et les cuisses endolories, on tombe presque à chaque pas, vingt, trente, quarante, cinquante fois, et toujours on se relève. Un homme se blesse à la cheville. Après avoir constaté une grosse entorse, nous faisons appel à un hélicoptère de secours pour qu'il soit transporté à l'hôpital.

L'incident sanctionne cet épisode, qui fut une de mes pires nuits d'infiltration. On finit donc par franchir le volcan et, à 6 heures, on s'arrête, harassés. Durant cette pause, le chef vérifie l'état des blessures de chacun. On fait le point sur ces 10 kilomètres éprouvants de traversée. Épuisés, on ne peut s'empêcher de ressentir notre petitesse face aux éléments. Nous ne pouvons qu'être humbles quand nous faisons ainsi la douloureuse expérience de nos limites.

Bien vite, trop vite arrive la journée, nous sommes enfermés dans une vraie fournaise. Il fait entre 60 et 65 °C, et il n'y a plus d'arbres pour nous protéger du soleil. Nous nous plaçons derrière des rochers et nous tentons de nous abriter au-dessous de vêtements que nous tendons sur notre matériel. On soigne tant bien que mal nos petites blessures, mais on reste dans un état de grande faiblesse. Et dire qu'on est censés faire notre deuxième nuit à 65 °C sous le soleil !

Un convoi du groupe rebelle passe à proximité durant l'après-midi, ce qui nous permet de nous remettre dans l'action. Nous établissons le nombre de personnes à bord et nous collectons tous les renseignements possibles à leur sujet.

On repart à 18 heures avec, on peut l'imaginer, l'esprit un peu moins conquérant que celui de la première journée. Il n'empêche que l'on repart pour la troisième nuit. La ténacité reste une de nos pires qualités. Je dis « pire », premièrement, pour nos ennemis et, deuxièmement, pour ce côté en nous qui voudrait abandonner. Mais évidemment, c'est cette résistance qui est la première des qualités chez un homme de volonté. De cette qualité naissent toutes les autres.

L'ascension dans la montagne se fait relativement bien. On monte vers un point de vue pour que le compound ennemi soit bien en évidence. Le parcours s'étale sur 15 kilomètres. On arrive à 6 heures du matin sur le lieu propice à l'observation du camp. L'endroit ne doit pas seulement nous offrir une large perspective, il doit évidemment aussi nous protéger de la surveillance ennemie.

On est à 1 900 mètres d'altitude, le chef de groupe distribue les rôles afin que l'équipe se charge des renseignements. Comme je l'ai déjà dit, l'action est souvent une source de motivation pour un esprit combatif, et l'attente peut paradoxalement demander plus de volonté que l'effort. C'est encore un paramètre à ne pas négliger pour évoluer sainement dans notre métier, et dans la vie en général.

Vers 12-13 heures, alors que nous tentons de reprendre des forces, on voit tranquillement passer, comme surgissant de nulle part, à une vingtaine de mètres, un berger djiboutien d'environ 70 ans avec ses chèvres. Dans un profond silence, je regarde mes collègues, qui ne semblent pas y croire. Le berger avance en claquettes, avec une petite bouteille d'eau dans une chaussette accrochée à sa ceinture. En sachant qu'il n'y a pas d'habitation à moins de 30 kilomètres, qu'il fait 60 °C, l'image du bonhomme survient comme une apparition.

Dans un premier temps, le berger ravive en nous un sentiment d'humilité : les gens de ce pays ont un rapport au monde beaucoup plus abrupt, ils boivent l'eau des pluies, vivent sans télévision, sans radio, dans des conditions rudimentaires. Cet homme, qui a plus du double d'années que la plupart d'entre nous, parcourt tous les jours des dizaines et des dizaines de kilomètres à travers la montagne, sans autre protection que son tee-shirt et son vieux pantalon.

Puis immédiatement après cette impression, des situations identiques remontent à ma mémoire. La première est relatée dans le livre autobiographique d'Andy McNab, *Bravo Two Zero*. La brigade commando de cette ancienne SAS[12], alors cachée dans des montagnes en Irak pour une mission de sabotage, se fait repérer par un chevrier à la recherche d'une de ses bêtes. Elle décide de le laisser en vie. Celui-ci donne l'alerte, et, après de multiples affrontements, trois des hommes du service spécial perdront la vie tandis que l'autre moitié de l'équipe sera capturée. Seul le sergent arrive, au prix d'efforts surhumains, à s'échapper en rejoignant la Syrie à plus de 120 kilomètres.

La seconde vient du film *Du sang et des larmes*, où la situation se répète, une équipe des Navy SEALs[13], en mission dans les montagnes de l'Afghanistan, prend la décision de laisser indemnes les bergers qu'ils rencontrent. Ils se feront alors dénoncer avant d'être pris en chasse par les talibans du village alentour. Trois des quatre hommes de la brigade des SEALs perdront la vie lors de cette mission.

Heureusement, nous ne sommes ici qu'en entraînement, mais on a bel et bien été décelés par le berger qui, dans sa simplicité superbe, nous offre un grand sourire dépouillé de dents. De loin, il nous salue en levant le pouce et repart comme si de rien n'était.

12 Le Special Air Service est une unité des forces spéciales britanniques. Elle est considérée comme une référence au niveau mondial.

13 Acronyme de « Sea, Air and Land », les Navy SEALs sont la principale force spéciale de la marine de guerre aux États-Unis. Comme leur nom l'indique, ils sont entraînés à opérer dans tous les environnements.

Dans le même temps, on envoie un binôme dans la montagne afin de trouver le meilleur chemin praticable pour descendre facilement sur la terre ferme. Puis, vers 14 heures, on commence à préparer l'assaut. Le chef d'équipe décide d'un plan d'attaque. Un groupe est dédié aux longues distances, ces tireurs d'élite serviront d'appui à une autre équipe destinée à l'assaut proprement dit. Un autre groupe encore fera office de *cordon liner*[14], pour protéger nos arrières lors de l'action. Est-il utile de rappeler que l'exercice se fait avec des balles à blanc, des « simunitions », qui sont des balles de paintball !

À 21 heures, nous réalisons un dernier briefing. À 22 heures, nous commençons l'infiltration. Nous descendons, munis de nos J.V.L., au plus bas de la montagne où l'on trouve un endroit pour laisser nos sacs et continuer en mode furtif. C'est le moment où le *cordon liner* se met en place.

L'assaut est déclenché. On entre dans le compound, on arrive en discrétion et, après le premier ennemi touché, on passe en fulgurance.

Les rebelles sont traités un à un, au fur et à mesure de notre avancée. Savoir qu'il y en a huit ne nous empêche pas de rester sur nos gardes. Nous ne sommes pas à l'abri d'une surprise, d'un homme caché sous une dalle, d'une mine, etc. Dans tous nos gestes, dans tous nos mouvements, nous nous efforçons d'être rapides et explosifs.

Rapidement, nous arrivons dans la case du chef des rebelles qui, allongé sur son lit, n'a pas le temps de réagir. Nous le capturons, puis nous passons, dans la demi-heure qui suit, à la récupération des renseignements. On trouve des papiers, des

14 Équipe qui se positionne autour de l'objectif pour éviter la fuite d'une cible et la venue éventuelle de renforts ennemis.

documents, des fiches, des ordinateurs et des photographies. Dans le même temps, nous faisons revenir le sniper avant de demander une extraction par voie aérienne.

Trois quarts d'heure plus tard, deux hélicoptères arrivent. Le groupe monte avec la H.V.T. et les renseignements en direction du camp Arta plage.

L'exercice est terminé.

En faisant le débriefing dans le patio, on peut facilement voir, les uniformes tombés, que nos corps sont marqués et déshydratés, que nos visages sont fatigués, nos joues creusées, nos yeux cernés. On se remémore la traversée du volcan lors de la deuxième nuit et on partage nos impressions sur le berger.

On a tous en tête que, lors d'une mission réelle, le fait de se faire ainsi déceler nous place dans l'obligation de faire quelque chose… et en repensant à cela et à l'aisance du vieux qui se promenait en claquettes, on se remet, encore une fois, en question.

Exercice

S'entraîner à marcher

Il n'est pas inutile de rappeler que la marche, quoi qu'elle paraisse être, est le moteur de tous les stages de survie et de toutes les activités militaires. Relier un point A et un point B, comme l'a exposé cet exercice *a priori* ordinaire, peut se transformer en un terrible chemin de croix. Marcher est, à l'inverse des idées reçues, une entreprise qui peut vite devenir ardue, mais qui est bel et bien le seul moyen de parvenir à un achèvement positif.

En pratique, lors des missions, les infiltrations et les exfiltrations sont précédées de longues marches. Elles restent le moyen le plus sûr pour ne pas se faire déceler en zone ennemie et constituent la base sur laquelle reposent toutes nos manœuvres. L'expérience des longues préparations physiques à chacune des missions auxquelles j'ai participé m'a fait connaître les avantages du trekking sur nombre d'activités sportives, plus usantes et plus laborieuses.

Pour le trekking, il faut donc commencer progressivement. On pourra s'engager sur une durée de 10-20 minutes, 1 heure ou 2, voire plus, et augmenter peu à peu, semaine après semaine, selon son niveau et les limites que nous impose notre corps. Comme dans toute activité physique, il ne faut ni se comparer ni se dégoûter. En faire trop, d'un seul coup, est le moyen le plus sûr de se blesser ou simplement de se lasser de l'exercice.

Contrairement à d'autres sports, la question du lieu n'est pas un problème en soi, même si, naturellement, on préférera une forêt, un parc ou un bois et, idéalement, les montagnes pour le trekking. La marche en ville oblige aussi à soutenir un effort concret et manifeste. Personnellement, en tant que citadin, dès que je peux éviter de prendre le métro, je m'arrange pour effectuer mes trajets à pied. Cela ne me prend souvent qu'un quart d'heure de plus que le même itinéraire en métro.

Pour l'alimentation, le mieux est de bien s'hydrater, c'est-à-dire ni trop ni trop peu, mais surtout régulièrement, et de penser à adapter son apport calorique à son effort. Dans une perspective sportive et/ou de survie, il faudra tâcher de réduire son hydratation et son alimentation, de sorte que l'organisme se prépare à tenir lors d'une pratique intense et prolongée.

Le week-end ou en vacances, je peux augmenter ma pratique quotidienne par de longues balades en forêt. En plus du bol d'air que cela promet, c'est l'occasion de parcourir de longues distances, ce qui va accroître ma résistance à l'effort et me permettre de franchir de nouvelles étapes dans cette pratique.

À part une paire confortable de tennis, aucun matériel n'est nécessaire pour cet exercice. Profitez donc des basses températures d'hiver et du cuisant soleil de l'été pour vous habituer à pratiquer dans toutes les conditions, et n'oubliez pas de lever la tête vers tout ce que la nature nous offre encore de beau et de grand dans ce monde où le béton prend de plus en plus de place.

Pour juger de votre évolution et de vos résultats, n'hésitez pas à brancher votre compteur de pas sur votre Smartphone, c'est à vous de jouer !

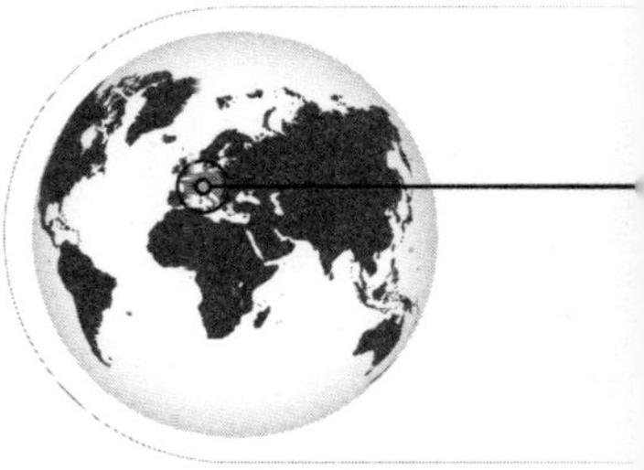

Largués dans les Alpes, mourir ou survivre

Nous étions en préparation dans un de nos camps d'entraînement dans les Alpes, espace qui demeure, au-delà de ses attraits pour les touristes en quête de sensations fortes et de vin chaud, la chaîne de montagnes la plus haute d'Europe occidentale. Un rappel géographique sommaire ne sera pas de trop pour bien avoir à l'esprit les difficultés contingentes de la mission. L'arc alpin, couronné par le mont Blanc à 4 810 mètres, fait office d'obstacle climatique qui peut freiner ou intensifier, selon le courant rotatif horaire ou antihoraire[15], les différents phénomènes météorologiques passant par les régions limitrophes de la zone. Nous sommes donc situés dans un endroit où la météo, pour ne pas dire la nature, est on ne peut plus capricieuse. Il s'y crée, avec les dépressions et les anticyclones, des tempêtes et des perturbations de toutes sortes et, entre autres, le fameux mistral.

15 Dans le sens des aiguilles d'une montre pour le courant rotatif horaire, à l'inverse pour le courant antihoraire.

On venait précisément de nous mettre au courant d'un exercice de libération d'otages dans un fort situé sur le col d'une montagne à une dizaine de kilomètres de notre cantonnement. Ma mission et celle de mon binôme consistaient, dans les grands traits, à servir d'appui à l'équipe d'assaut qui devait extraire de l'intérieur les prétendues victimes de la séquestration.

Nous avons bien entendu droit à un briefing en règle pendant l'après-midi. Nous partirons sur les coups de 20 heures, en condition de nuit, à bord d'un hélicoptère Gazelle, un engin léger et polyvalent, dont la capacité d'équipage est d'au maximum cinq personnes. Ayant, mon collègue et moi, l'expérience de ce genre d'expédition, dans ce genre de climat extrême, nous spécifions bien au pilote et à notre chef de groupe que nous devons établir un temps de vol maximum de trente minutes pour ne pas engager notre sécurité. Les motards, les marins et les alpinistes ne le savent que trop bien, la vitesse et le vent décuplent la sensation de froid, c'est ce qu'on appelle le *windchill*[16] : chaque tranche de 10 km/h dépassée abaisse la température du corps de 1 °C. On comprendra notre requête lorsqu'on songe qu'en hiver, dans les Alpes, il fait de nuit, à 3 000 mètres d'altitude, entre -20 et -25 °C.

Après la réunion, on s'affaire de notre côté à préparer la logistique de la mission. On emporte l'armement nécessaire, nos sacs, nos caméras thermiques, bien entendu les gilets pare-balles, des affaires chaudes, enfin pour résumer : de quoi tenir 24 heures.

16 Le refroidissement éolien, parfois aussi appelé facteur vent dans le langage populaire, désigne la sensation de froid produite par le vent sur un organisme qui dégage de la chaleur, alors que la température réelle de l'air ambiant ne s'abaisse pas.

À l'heure prévue, nous décollons à bord de la Gazelle. Tout de suite, nous sentons le froid s'amplifier à mesure que l'appareil gagne de la vitesse et de l'altitude. Nous sommes retenus par une simple ligne de vie, dos à dos avec le pilote et le copilote. Alors que je me tiens au fauteuil de celui-ci, je peux sentir à travers le siège en métal que le froid s'immisce immédiatement par le bout de mes gants.

Quinze minutes après le départ, la neige commence à tomber, doucement d'abord mais, peu à peu, le voile qu'elle propage s'intensifie. Cinq minutes plus tard, c'est la tempête. Pris dans une sorte de « grain blanc[17] » des montagnes, on ne distingue plus les massifs du brouillard neigeux. Les nuages, immenses et floconneux, recouvrent tout. Je lance un regard derrière l'épaule du pilote et j'aperçois, sur le tableau de bord, alors que nous commençons à être rudement ballottés, des boutons qui clignotent d'une manière forçant à penser que péril il y a. Les gestes des pilotes confirment mon impression. En un coup d'œil à mon collègue, je vois que nous avons tous deux saisi qu'il se passe quelque chose d'anormal.

Nous restons calmes en dépit de la situation, le stress ne doit pas déclencher d'actions irréfléchies. C'est quand on est sous le coup de dangers mortels que les risques éventuels qui planent au-dessus de nos têtes sont le plus à craindre, qu'il faut garder son sang-froid et suivre le plan que l'on s'est fixé.

Dans une situation de crise, les premiers à fléchir sont ceux qui ont des comportements inconsidérés, car ceux-ci

17 Un grain est un événement météorologique au cours duquel la vitesse du vent s'accroît de façon brusque et marquée, avec un net changement de direction (de 45 à 90 degrés), et qui ne dure que quelques minutes. Ce phénomène, particulièrement redouté des voiliers, est fréquemment accompagné d'averses de pluie, de neige ou d'orages. Le grain blanc, lui, est un grain très brusque, qui éclate sans aucun signe annonciateur et peut se révéler d'une violence inouïe.

sortent du terrain fortifié par l'intelligence qui avait prévu, saisi et conçu les réponses à chaque probabilité. Bien heureusement, si l'on a réussi à intégrer les commandos marine, cette option, celle du comportement inconsidéré, n'est pas envisageable. On nous a appris à ne pas paniquer, à endurer les difficultés propres à chaque situation, même si, ici, il faut tout de même se l'avouer, nous sommes dans un vrai manège de la mort, sans autre garantie de sécurité que l'adresse des deux pilotes.

Le temps passe, les trente minutes de vol maximum se transforment en 1 heure. J'ai la vive impression que l'hélicoptère est englué dans ce voile blanc opaque dans lequel il ne trouve pas l'endroit où nous devons être déposés. Nous patientons malgré le froid, en attendant que la situation se débloque. Au bout d'un moment, les pilotes s'agitent avant de me regarder et de faire, enfin, le signe qui signifie qu'ils vont bientôt nous déposer. Je me dis, soulagé, que nous devons être près de l'endroit prévu, mais, alors que l'hélicoptère tourne pour se mettre dans la bonne position, je n'arrive pas à distinguer, même avec les J.V.L., où nous nous trouvons.

Le copilote se retourne vers moi et lève l'index pour signifier que la dépose s'effectuera 1 minute plus tard. Il place l'appareil en stationnaire et le fait descendre lentement. Plusieurs bourrasques font faire à l'engin de légères mais non moins dangereuses embardées. Une fois arrivés sur le sol, tandis que nous nous mettons à plat ventre afin d'éviter les pales, nous voyons derrière nous l'hélicoptère qui part en glissade vers l'arrière. Un bloc de glace se décroche, l'appareil part dans le vide avant de se rattraper de justesse, dans les airs.

Le soulagement d'avoir été déposés a vite laissé place à la tension suffocante d'être passés à deux doigts de la mort.

Mon binôme me dit qu'il a senti les pales lui frôler la tête quand l'hélico s'est penché pour se rétablir. On n'est décidément maîtres de rien, y compris à l'entraînement où nous ne sommes jamais à l'abri d'un coup du sort.

Tandis que l'appareil file au loin, on se relève et on essaie immédiatement d'établir le contact, sans résultat. On fait le bilan : la tempête et l'incident ont bel et bien empiété sur les forces que nous devions exploiter pour l'exercice.

Nos visages sont brûlés par le vent et la neige, nos mains sont gelées, la sensation d'un froid croissant étalé sur une longue durée est insupportable. Le fait d'être restés statiques pendant une bonne heure dans un hélicoptère ouvert nous a véritablement atteints. Mais sans attendre, on profite du coup d'adrénaline de l'atterrissage pour se concentrer sur l'appareil GPS afin d'en finir le plus vite possible.

On se rend compte que l'endroit initialement prévu pour la dépose est à deux montagnes de là où nous nous trouvons. À vol d'oiseau, ce n'est pas une grande distance mais, de nuit, en pleine tempête et dans la poudreuse, cela tend à devenir compliqué.

Néanmoins, sur la carte, je vois que nous sommes à une centaine de mètres d'un refuge. Dans le pire des contextes, tout ne peut pas être mauvais, il faut se raccrocher au positif. Car dans 95 % des cas, il subsiste, même en situation extrême, toujours un angle « abordable », qu'il faut aller chercher et suivre, pour se canaliser sur la prochaine étape et ainsi, peu à peu, trouver la voie qui permettra de s'en sortir.

La plupart du temps, on ne survit pas par chance, on met le hasard de son côté en lui arrachant toutes les occasions qu'il nous présente, afin de continuer à avancer.

Nous avons donc, dans notre guigne, l'aubaine de nous trouver près d'un refuge dans lequel nous nous empressons de nous abriter. À l'intérieur, j'essaie de joindre le PC[18] tactique afin de lui communiquer l'impossibilité dans laquelle nous sommes d'assurer la mission. Mais on est vite rattrapés par la fameuse loi de la LEM[19] et, chose relativement commune dans notre métier, les transmissions font défaut lorsqu'on en a besoin. Il semble que les batteries des radios se soient déchargées avec l'intensité du froid.

Là aussi, on positive en se disant qu'au moins on est à deux et qu'on est relativement abrités dans la maisonnette. Puis, après quelques secondes de répit, on réalise, en échangeant quelques phrases, qu'on a pensé à prendre tout ce qu'il fallait, sauf la nourriture. Dans le même temps, nous constatons qu'il ne nous reste plus beaucoup d'eau et que nous n'avons pas de briquet pour allumer un feu. De plus, nous n'avons aucun moyen satellite pour faire savoir notre position et nous faire récupérer.

Il va s'en dire qu'à -25 °C la nourriture fait office de carburant pour tenir bon. Et qu'une source de chaleur, quelle qu'elle soit, est indispensable à la vie.

À ce moment précis, on s'en veut. On refait le chemin dans nos têtes, de la base à l'hélicoptère, au refuge, et on comprend qu'on n'a pas eu la prudence de juger que le transport pouvait poser souci. Quand on dit que prudence est mère de sûreté, ce n'est pas un vain mot. Dans la plupart des métiers physiques, les normes et les protocoles de sécurité sont renforcés plusieurs fois par décennie et, malgré cela, tous les jours, le manque de vigilance tue. Alors, imaginez maintenant à com-

18 Poste de commandement.
19 En argot militaire, LEM signifie « loi de l'emmerdement maximum ».

bien doit s'élever la rigueur de ceux qui côtoient jour après jour « le danger pur ». Nous nous devons de toujours penser au pire, car c'est en prévoyant le pire qu'une situation complexe pourra s'aplanir ; à l'inverse, c'est en se laissant guider par la routine et l'excès de force qu'une promenade de santé peut se transformer en un calvaire.

On se met à réfléchir, on établit, dans un premier temps, la distance qui nous sépare du fort, où se joue l'exercice. On évalue les possibilités. On soumet nos chances à l'observation critique de notre expérience, pour savoir s'il vaut mieux attendre que les pilotes de l'hélicoptère préviennent le poste de commandement de l'incident ou s'il faut franchement se décider à partir.

Notre première décision est d'attendre. On patiente trois heures, de 21 heures à minuit, dans nos duvets, dans cet endroit glacial qui ressemble plus à une grange qu'un refuge. Le froid se fait si intense qu'il nous empêche de dormir, on commence à douter de notre décision quand, vers minuit trente, on entend le bourdonnement caractéristique d'un hélico. Dehors, nous voyons passer les flashs de l'appareil dans le ciel. Il semble se diriger vers nous. Je sors ma radio pour établir le contact, mais nos batteries ont tout simplement gelé. L'hélicoptère passe au-dessus de nos têtes sans nous voir. En remarquant sa trajectoire, on suppose qu'il doit conduire le groupe d'assaut à la mission du fort.

Complètement refroidis, ce n'est rien de le dire, par la tournure des événements et par ce dernier faux espoir, nous décidons tous les deux, dans un sursaut d'orgueil et de volonté, de rejoindre le fort à pied.

Je ne conseille à personne de faire de la randonnée de montagne, en terrain inconnu, la nuit, et cela va sans dire

« hors piste ». Quand notre pratique est nulle, le mieux est encore d'écouter notre bon sens. Heureusement, notre préparation quotidienne et notre expérience en milieu extrême nous préservent des erreurs fatales dans lesquelles peuvent tomber des apprentis alpinistes, et nous progressons dans cette poudreuse épaisse difficilement, certes, mais nous avançons surtout prudemment. Avalanches, crevasses, rochers abrupts sont les véritables dangers qui nous guettent. Nous évitons ces graves embûches sans toutefois nous détourner de la direction qui nous rapproche de notre but.

Nous marchons pendant trois bonnes heures, sans nous arrêter, sous le coup de cravache de notre volonté, éperonnée bien entendu aussi par la peur de mourir, qui reste, n'en déplaise aux amateurs de taurine, ginseng, guarana et caféine, le meilleur énergisant connu au monde.

La survie est l'état qui amplifie au plus haut degré les capacités de résistance et de dépassement. Cet état renoue avec l'instinct animal qui est, en fait, la liaison retrouvée avec cette chose essentielle en nous, cet être primitif qui n'abandonnera pas sans avoir donné tout ce qu'il lui reste de force. Quand un homme laisse tomber à la première tentative, la plupart des animaux peuvent mourir en ne cessant d'essayer.

De plus, notre esprit est, comme dans tous les moments critiques que nous endurons, conforté, dans sa démarche active, par les pensées que nous adressons à nos proches, par les souvenirs et les moments futurs que nous voulons, à tout prix, vivre avec eux. Ma carrière m'a permis de me rendre compte que c'est quand on passe près de la mort, ou tout simplement quand on est mis à mal par les épreuves de l'existence, que ressort tout l'amour que l'on a pour ses proches. J'espère profondément que les personnes civiles, qui vivent une vie dite

« normale », ont aussi une conscience juste de tout le bonheur qu'apporte une vie de famille. Il ne faut pas attendre d'en être privé pour en apprécier l'importance.

En se rapprochant du fort, tant bien que mal, on tombe finalement presque nez à nez avec l'équipe affectée à l'assaut. Ceux-ci sont en attente des ordres, sans savoir que nous avons été déposés au mauvais endroit. Après nous avoir entendus, la décision est prise d'arrêter l'exercice. On appelle le poste de commandement pour se faire extraire.

Durant le débriefing, nous apprenons, à notre grande surprise, que le commandement n'a pas eu vent de la déroute que nous avons subie avec l'hélicoptère. Il semble que les pilotes soient rentrés dormir sans avoir prévenu personne de la faillite du voyage, et plus encore de l'incident de la dépose. Ici, c'est la chaîne de l'information qui a été brisée, c'est une grave erreur qui peut avoir des conséquences déplorables, voire funestes pour les intervenants de la mission. En secouant les hypothèses, en faisant jouer les « si », on se rend vite compte que ce manquement aurait pu être la cause d'incidents graves.

Le lendemain soir, nous avons refait l'exercice, cette fois en pédestre, et tout s'est parfaitement déroulé.

Je garde de cette mission, encore gravée dans ma mémoire, outre la mise à l'épreuve de la nature, l'idée que l'habitude peut être à double tranchant. Elle est salvatrice quand elle permet d'intégrer des pratiques difficiles qui nécessitent travail et répétition. Elle est dangereuse quand elle laisse place à l'assoupissement de la routine. Il faut toujours être vigilant, inventif pour ne pas s'amollir dans le domaine confortable du suffisant.

Le suffisant est inacceptable pour un corps d'élite, il est le parfait synonyme de l'échec. C'est pour cela que les exercices de ce genre servent de marqueurs pour éviter les erreurs en missions réelles. Jusqu'à aujourd'hui, je sais que je ne partirai plus en mission (si cela devait se produire) sans téléphone satellite, un minimum d'eau, un minimum de nourriture et un briquet.

C'est un conseil que je n'ai pas oublié de dispenser. C'est d'ailleurs dans ces réunions, qui sont primordiales, que l'on peut voir la valeur réelle de l'information. Les briefings ne sont pas d'ordre uniquement tactique ou logistique, ils servent à peaufiner chaque détail, pour minimiser les erreurs et les risques d'aléas. Ils sont le socle d'airain sur lequel doivent s'appuyer, et ceci à chaque instant, y compris à des heures et à des kilomètres du camp de base, tous les hommes d'une mission. C'est donc, encore plus que l'importance hiérarchique, l'écoute des autres qui est indispensable à la réussite globale et au perfectionnement de chacun.

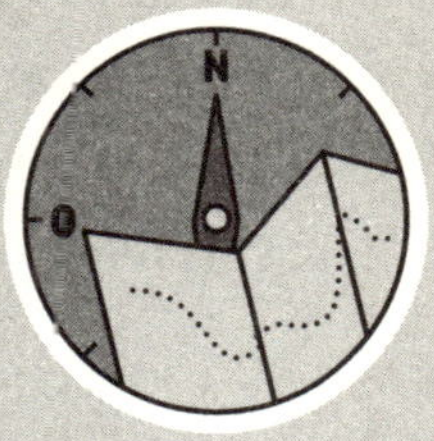

Exercice

S'orienter

Dans la nature, l'orientation est un facteur de survie primordial. Dans cette mission en particulier, pendant laquelle toutes les batteries avaient gelé, notre capacité d'orientation a été ce qui nous a permis de nous en sortir.

C'est lors de ma préparation au stage commando que je me suis familiarisé à la lecture de cartes et à l'orientation à la boussole. Souvenez-vous bien, dans ces temps où la technologie prend de plus en plus de place, qu'une carte n'a pas besoin de batterie pour être utile. En revanche, comme avec la boussole, elle oblige celui qui veut s'en servir à s'accoutumer à son utilisation.

Vous pouvez débuter, comme je l'ai fait à l'époque de ma préparation, en suivant une route ou un itinéraire tracé sur une carte pour étudier la direction qu'indique la boussole. Vous vous habituerez ainsi, durant vos promenades, à comprendre et à retenir le fonctionnement du cadran et des flèches.

Dans un deuxième temps, une fois que le fonctionnement de la boussole et que la lecture de cartes seront clairement assimilés, vous tenterez de vous promener en pleine nature et hors des sentiers battus, c'est-à-dire que vous relierez des zones par des chemins non tracés où les repères seront principalement d'ordre naturel.

Une facette simple et ludique de cet exercice est d'utiliser sa voiture pour comprendre à quel point le fait de savoir utiliser une carte est important. Nous roulons tous, et même pour les trajets les plus simples, les yeux rivés sur Waze, Google Maps, Citymapper et autres GPS. On pourra donc tenter d'effectuer un de ces déplacements sans assistance, ceci sans se presser, afin de tester ou d'améliorer sa capacité à se repérer spatialement. On devra se préparer en visualisant au préalable sur Google Maps ou sur la carte papier les directions à prendre, les grandes bifurcations à suivre et globalement le cap à tenir avec la boussole. On s'obligera à ne pas recourir à son GPS pendant la durée du trajet, à moins d'être complètement perdu. Il faudra tenter de comprendre dans ce cas précis ce qui a provoqué l'erreur de trajectoire dans la progression.

Cet exercice d'orientation convient aussi au citadin : bien s'orienter en ville permet d'avoir une vision globale de notre lieu de vie, de réaliser par exemple que deux quartiers ne sont pas seulement reliés par des stations de métro à la structure répétitive et uniforme, mais par des milliers de rues, avec des commerces, des architectures, des personnes, qui font les particularités et le charme propres à un lieu.

La compréhension spatiale n'est pas une action uniquement horizontale, elle est bien souvent d'ordre vertical. Quand, en montagne, on prendra garde à bien déchiffrer les dénivelés, en ville, on fera attention à apprécier tout le travail architectural qui fait la beauté de notre pays.

En milieu urbain, utilisez le plus de points de repère possible, et surtout n'hésitez pas à vous perdre, quitte à demander votre chemin aux passants du coin. C'est seulement ainsi que, progressivement, votre esprit reliera des lieux que vous aviez pensé tout à fait autonomes.

Couplée au trekking ou à la marche, la faculté d'orientation permet, au-delà de la mise en mouvement du corps, de mettre au travail son esprit et de l'enraciner sainement dans son environnement, qu'il soit de l'ordre de la nature ou de la civilisation. Avoir conscience de nos capacités et de nos limites mobiles restitue donc cet « être au monde » que le confort, la répétition, en un mot : notre existence moderne nous a fait progressivement oublier.

De plus, bien s'orienter permet de comprendre les distances, les reliefs, les intervalles, la profondeur, mais aussi les voies, les routes, les chemins, les avenues, tout ce que l'homme a créé pour pallier ses insuffisances. Comme dans tous les exercices, avoir conscience de ses insuffisances est toujours la première étape pour s'améliorer, que ce soit en tant qu'homme ou en tant qu'individu social.

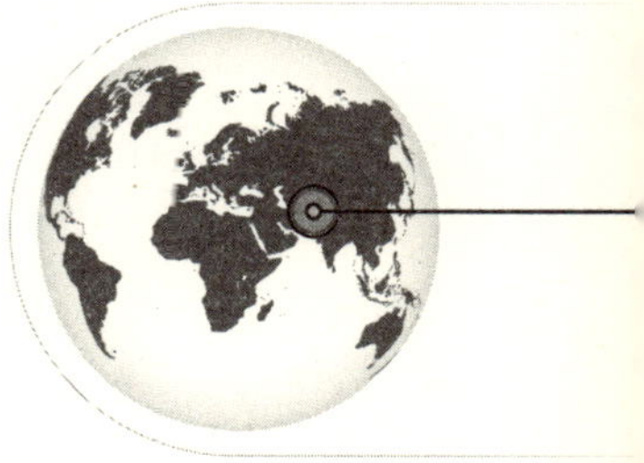

Face à face, garder son sang-froid

En 2004, nous étions, comme une importante partie des forces françaises, basés près de Kaboul. Les attentats du 11 septembre 2001 avaient provoqué, dès octobre, la guerre d'Afghanistan, déclenchée en riposte par les États-Unis et leurs alliés, dont la France, pour en finir avec Al-Qaïda et son leader Oussama Ben Laden.

Cela fait donc quelques mois que nous opérons là-bas quand, un jour de février, nous sommes convoqués par le commandement. On nous explique que, deux jours plus tard, nous devons procéder à une mission de récupération de renseignement pour le compte de la DGSE[20]. L'opération consistera à accompagner et assurer la protection de deux agents des renseignements qui iront au contact direct d'un chef mafieux afin de récupérer des informations de la plus haute importance.

20 La direction générale de la Sécurité extérieure, couramment connue sous le sigle DGSE, est le service de renseignement extérieur de la France.

La particularité de l'entreprise relève de son aspect secret, on ne sait pas précisément qui nous allons voir, où nous allons nous rendre, les renseignements nous étant présentés au dernier moment par notre chef de mission. Par conséquent, nous sommes dans l'impossibilité de prévisualiser le déroulement de la mission, alors que ce travail « en amont » est habituellement primordial. On se prépare donc, bien que naturellement orientés par nos chefs, à l'aveugle, comme l'impose le strict cloisonnement des services de la DGSE.

Au-delà de la teneur inhabituelle de la tâche, je présuppose très vite le niveau de danger auquel nous aurons à nous confronter, vu la situation militaire du pays, les risques d'attaques quotidiennes qui entourent chacun de nos mouvements, les nombreuses pertes humaines, sans compter les blessés, qui ont déjà été infligées à la coalition des forces occidentales.

Comme pour éperonner notre volonté dans cette insuffisance d'indications et de repères, il nous est toutefois transmis l'objectif de la mission, qui est d'apprendre du mafieux taliban le lieu où se cacherait un chef éminent du réseau Al-Qaïda, considéré comme une H.V.T. par nos services ainsi que par les services américains.

En état de guerre encore plus qu'en état de paix, les informations ont une valeur vitale, elles permettent d'éviter les dangers en allant au-devant d'eux, d'avancer dans une stratégie qui, seule, pourra mener à la victoire, de marchander d'autres renseignements, de diviser le groupe ennemi, de frapper juste, au moment et à l'endroit idéaux, de réduire le nombre de blessés, etc. En état de guerre, les renseignements sont la lunette de précision qui permet d'avancer les bons pions sur la bonne case ; sans eux, rien ne se fait, ils sont la condition *sine qua non* des grandes réussites militaires.

Nous partons deux jours plus tard, à l'aube, de notre camp français situé à 45 minutes de Kaboul. Nous formons un groupe de quatre véhicules, trois pour notre équipe, un pour les agents. Le trajet qui se déroule à pleine vitesse ne nous délivre pas de nos soucis, on ne sait toujours pas, malgré la localisation de l'objectif qui nous a été donnée dans la nuit, ce qui va nous attendre dans ce village à 3 kilomètres de la capitale afghane. Sur la route, nous avons établi, pour plus de sécurité, un schéma de protection classique, la première voiture progresse en ouvreuse, tandis que les deux autres encadrent celle des agents.

Bien heureusement, nous pouvons nous fier à notre GPS, pour nous guider sur ces routes qui sont aussi et surtout le dangereux synonyme d'IED[21]. Pour donner une idée de l'efficacité de ces bombes artisanales qui sont la spécialité des forces terroristes, gardons en tête qu'elles ont, en Irak, provoqué, pour la coalition, plus de morts, de 2003 à 2006, que les affrontements traditionnels.

Le trajet, que nous continuons d'effectuer le plus vite possible, est ponctué de poussiéreux détours sur les chemins du désert en raison des constantes suspicions d'IED, sans compter que l'on empêche, en tirant des rafales sur le goudron de la route, tout véhicule de se positionner à notre niveau. L'état de guerre suppose une vigilance accrue, car toute personne représente une menace potentielle, surtout si cette personne élance son 4 x 4 sur un convoi militaire à pleine vitesse.

---

21 Une IED, littéralement, *improvised explosive device*, signifie, en français, « engins explosifs improvisés ».

On arrive finalement à proximité de la maison qui se situe aux abords d'un petit compound s'allongeant dans le creux d'une plaine sur à peine 1 ou 2 kilomètres. Nous avançons toujours à l'aveugle, sans photo, sans données satellites jusqu'à l'entrée de la maison, où nous attend, garé en travers, un pick-up équipé d'une mitrailleuse lourde 14,5 mm. Devant, il y a huit gardes pourvus d'armes qui sont parés à l'offensive. On entre dans le vif du sujet.

Tandis que, toujours dans la voiture, nos yeux scrutent les détails du compound après avoir relevé méthodiquement toutes les armes et devancé les mouvements possibles des soldats, les conducteurs placent les véhicules de sorte que l'on puisse couvrir une zone de 360 degrés.

Une fois le positionnement achevé, les agents de la DGSE descendent pour aller au contact des gardes et annoncer le rendez-vous avec leur chef. En les voyant rejoindre ces hommes qui sont d'habitude nos ennemis directs, sur lesquels nous tirerions sans hésiter dans un autre contexte, nous ne pouvons nous empêcher d'être défiants. L'animosité est visible autant dans leur rang que dans le nôtre.

Au bout de cinq minutes, le pick-up nous laisse la place pour que l'on puisse rentrer. Nous arrivons face à cette maison où nous attend le présumé chef mafieux taliban. Il est accompagné d'une vingtaine d'hommes de main qui, tout de suite, nous encerclent. Dans le doute, on réagit instantanément en établissant un triangle avec les voitures. La première est garée face à la maison, les deux autres couvrent les angles pour avoir une vue sur chacun des ennemis.

Pour une protection au plus près, un homme de mon équipe accompagne les deux agents qui vont au contact du chef taliban. Ils parlent une minute, puis s'en vont vers l'habitation. Je note que le premier agent a une mallette à la main, sûrement remplie de dollars américains, la valeur des valeurs, qui permet d'acheter les informations les plus précieuses.

Le temps s'arrête, nous sommes dehors, devant tous ces gardes qui ne cessent de nous fixer. La méfiance anime chacun des soldats qui sont là. Des deux côtés, ce sentiment d'insécurité, de répulsion contenue, envahit les esprits.

Au fil des minutes qui passent, la tension devient électrique ; dans le plus complet silence, les regards se font de plus en plus pressants, ils testent, interrogent, menacent. Nous avons pleinement conscience que nous ne sommes pas en supériorité numérique et que, de plus, nous sommes bel et bien encerclés.

Malgré cette situation extrême, où notre vie tient à un fil, nous gardons notre sang-froid et, en même temps, nous sommes prêts à réagir à chaque instant. Il faut rester professionnel, même dans les situations les plus inattendues. Ne rien faire, c'est déjà faire quelque chose, et pas des moindres. D'ailleurs, dans l'existence, c'est la résistance, qu'il ne faut pas naïvement confondre avec la passivité, qui demande le plus d'effort, de caractère et de volonté.

Maintenir dans le temps quelque chose qui ne demanderait qu'une seconde pour cesser, pour aboutir ou pour échouer. Laisser filer des minutes qui ne passent pas, demeurer immobile alors que le cerveau bouillonne, continuer, tenir encore, malgré toutes les pensées négatives qui nous assaillent. Persister, dans des postures inconfortables, des environnements hostiles, l'œil rivé sur la mort qui nous guette et qui n'attend que cet instant de relâchement pour nous happer. C'est cela, résister.

Devant nous, il y a tous ces hommes, en kalachnikov-djellaba ou en habit militaire, qui ne sont bien souvent rien d'autre que d'anciens paysans enrôlés par l'organisation Al-Qaïda. Je sais intimement que nous sommes faits de la même chair, du même sang qu'eux, mais, en dépit de cette fraternité partagée, il y a un abîme de croyances qui nous sépare, toute la cruauté d'un monde qui nous a poussés chacun de notre côté à l'action. Les soldats sont les premiers remparts à l'agression des peuples. Ils sont ce sur quoi se sont construites, siècle après siècle, les frontières, la puissance, toute la souveraineté de chacune des grandes nations de ce monde. De même qu'on ne choisit pas sa patrie, on n'est pas du bon ou du mauvais côté, on défend seulement sa vie, celle de proches, celle de nos frères d'armes, contre ceux qui veulent la prendre. Voilà ce à quoi doit se résumer la raison d'être d'un soldat. Le reste, je le laisse aux philosophes.

Malgré ces sursauts de réflexion, l'aspect pratique de la situation ne se laisse pas éclipser, nous identifions rapidement les chefs. Il y en a deux que nous reconnaissons grâce à leur djellaba noire, marque des combattants d'Al-Qaïda. Un autre signe distinctif conforte notre suspicion, les deux chefs portent des montres en or. Nous éprouvons l'exacte véracité de ce signe de reconnaissance qui a été largement partagée par les troupes de la coalition.

Cela fait maintenant presque deux heures que nous attendons, j'essaie d'imaginer ce qui se passe à l'intérieur de la maison, ce qui se dit là-bas entre le mafieux et les agents de la DGSE, mais je ne peux m'empêcher de constater, non sans une certaine amertume, qu'on se retrouve à demander des informations à des gens qu'on combat. Mais je ne sais que trop bien qu'une stratégie militaire efficiente n'a que faire d'inverser les rôles, de feindre, de risquer. C'est au contraire la ruse, la feinte, l'habileté qui permettent son bon accomplissement.

Plus le temps passe, plus tout le monde se crispe. Que peuvent-ils bien faire à l'intérieur de la maison ? Pourquoi l'entrevue dure-t-elle aussi longtemps ? Y a-t-il quelque chose qui ne se déroule pas normalement ? Devant ces combattants de la mort, on sait que ça peut dégénérer à tout moment. Les talibans n'ont pas peur du suicide, pour eux, la réalité commence après la vie. Plus encore, le sacrifice est, pour ces fervents pratiquants, la promesse d'une douce éternité.

Nous gardons notre sang-froid en dépit de la menace et, au bout de trois heures, les agents ressortent sans la mallette, ils serrent une dernière fois la main au mafieux, comme pour signifier devant toute la garde le pacte de non-agression qu'ils ont formulé : « On se respecte jusqu'au bout, il n'y aura pas de dérapage avant qu'on parte. »

Nous sortons un véhicule du compound pour déterminer la situation extérieure, identifier d'éventuels tireurs embusqués et des pièges de toutes sortes. Après l'avoir laissé patrouiller deux minutes, on ressort prudemment, puis on accélère. Nous suivons le sentiment qui nous dit de nous dépêcher avant que les talibans ne changent d'avis. Nous venons de passer trois heures face à face et, comme par répulsion magnétique, on se précipite le plus vite et le plus loin de ces soldats.

Sur la route, maintenant à distance de cette souricière, on se rend compte à quel point la situation était tendue, à quel point tout aurait pu, pour rien, dégénérer.

On rentre finalement à la base, la pression redescend progressivement, les agents de la DGSE nous remercient pour notre professionnalisme et repartent dans leur bureau. À cette époque, entre 2001 et 2011, il fallait inévitablement, pour avoir des renseignements sur Al-Qaïda, traiter avec des gens dangereux. La communauté internationale étant prête à tout, elle n'hésitait pas à nous appeler pour ce genre de mission délicate.

Autour d'une bière, chacun des hommes de mon équipe échange ses impressions à propos de ces trois heures qui nous ont à tous paru comme une interminable journée.

Suite à cette mission, nous apprenons, quelques jours plus tard, que les forces de la coalition ont, grâce aux renseignements fournis, mis la main sur la H.V.T. La cible, qui n'était rien de moins qu'un des dix plus gros responsables de l'organisation terroriste Al-Qaïda, a été transmise à la DGSE avant d'être sans nul doute transférée aux Américains.

Exercice

Être au T.O.P.

Au sein des forces spéciales, nous mettons fréquemment en pratique des techniques d'optimisation personnelle (T.O.P.), le plus souvent avant certaines missions aux aspects complexes, dont les circonstances variables exigent d'envisager un panel de possibilités appropriées à leur bon déroulement.

Pour effectuer cet exercice très simple et néanmoins très bénéfique, il faudra profiter d'un moment de calme où l'on s'isolera, par exemple grâce à de la musique. Tout en se concentrant sur sa respiration, on tentera de considérer dans son ensemble la situation à laquelle on devra se confronter.

Plus qu'un exercice d'anticipation dans lequel on se préparera à une situation de manière pratique et matérielle, la technique d'optimisation personnelle consiste en l'intériorisation d'un présupposé de phénomène.

Posé tranquillement dans une chambre obscure et silencieuse, on préparera, dans le cadre par exemple d'un entretien d'embauche, la conversation avec le recruteur, en l'orientant dans le sens de ses exigences, c'est-à-dire en imaginant ses contraintes et ses nécessités. Souvenons-nous qu'en tant que commando, lorsque nous pratiquons cette technique, nous nous mettons toujours à la place de nos ennemis.

Dans le cadre d'une activité, d'un sport par exemple, on songera aux moyens de nous améliorer, en visualisant tout d'abord les exercices déjà exécutés et en se concentrant sur les attitudes, les mouvements qui vont permettre de les perfectionner. Une fois que nous avons visualisé ces gestes et les spécificités qui manquaient pour les intégrer, on s'imaginera les effectuer, puis on les répétera jusqu'à leur juste réalisation mentale. Et vous aurez la surprise, en le faisant physiquement, de voir que vous avez gagné en rapidité et en habileté d'exécution.

Dans un second temps, on pourra se focaliser sur l'application de nouvelles techniques que nous aurons, par une recherche encore plus poussée, trouvées. À un certain niveau, la technique d'optimisation personnelle permet de prétendre à des niveaux de pratique dont on ne se serait tout simplement pas cru capable.

Sans me référer spécialement à des domaines d'application particuliers, cette technique de projection peut devenir un atout indispensable pour les grands caps que nous voulons franchir. On s'en servira avant le permis de conduire, avant un examen, avant un dîner d'affaires, avant un rendez-vous professionnel d'importance ou bien même pour aplanir une anicroche que l'on rencontre avec un ami ou un membre de sa famille.

Par exemple, à l'époque de ma préparation du stage commando, je n'avais pas de guide détaillé comme il y en a aujourd'hui, à l'époque d'Internet et de la diffusion de masse, j'ai donc dû baser mon entraînement sur des conseils pris à la volée auprès de personnes connaissant le milieu et pu me faire, à force de projections, ma propre idée des exigences du stage. Le fait d'intérioriser, de grandir, de conceptualiser, de classifier ainsi tous les aspects des difficultés auxquelles j'allais être bientôt confronté m'a permis de me préparer à leur juste intensité.

Il ne s'agit pas de s'acheter tout le temps dans la vie le manuel adéquat pour nous permettre d'accomplir aisément ce que l'on veut. Rien ne remplace la capacité de l'homme à se projeter dans ce qu'il perçoit comme nécessaire à son existence. Pour changer, pour évoluer, il faut, au-delà du simple fait de rêver sa vie, se décider à l'éprouver pleinement. Une bonne visualisation des difficultés que l'on pourrait rencontrer permettra un regain de sang-froid face à l'adversité, une compréhension plus aiguë de l'épreuve en elle-même, l'adoption de réflexes de préservation, de maintien et, enfin, l'apport d'une expérience préacquise par l'usage assidu de cet exercice.

La technique d'optimisation personnelle est un retour en soi et sur soi, pour se donner les moyens d'affronter des situations à venir avec sang-froid et professionnalisme.

Sans entrer dans la méditation pure, sans nul doute bénéfique, l'appréciation calme et réfléchie de notre futur proche, couplée à une bonne respiration, reste un moyen essentiel de mener à bien sa réalisation.

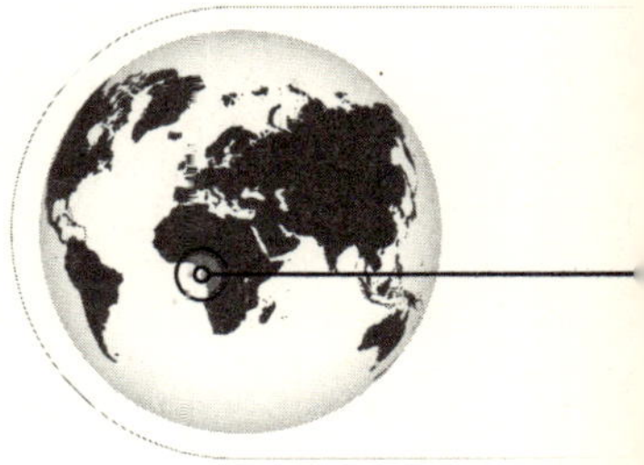

Tragédie, n'abandonner personne

Début 2009, alors que nous étions établis à Toulon, nous sommes mobilisés au Togo en réponse à des menaces de coup d'État. On nous demande donc de nous positionner pour plusieurs semaines sur le navire « TCD[22] Foudre » au large des côtes gabonaises afin de préparer la possible extraction du président Omar Bongo.

Deux équipes sont mises en place à cet effet, à savoir une unité de combat des commandos marine et le 13e régiment de dragons parachutistes, spécialisé dans le renseignement. Nous suivons sur le bateau un rythme que nous gardons délibérément soutenu, fait d'entraînements spécifiques, de tirs, de sport, de renforcement musculaire, le tout ponctué des investigations que requiert notre mission.

Le samedi 17 janvier, en début de soirée, nous sommes appelés dans la salle opérationnelle du bateau pour un briefing

22 Transport de chalands de débarquement.

dans lequel on nous informe qu'il y a de fortes chances pour que la libération du président gabonais s'effectue dans les prochains jours. Les chefs veulent donc procéder à un « drill » sur une zone qui ressemble au lieu de l'extraction, le drill étant un entraînement répétitif dont l'impact est fondamental sur une zone de feu. Il consiste notamment à aiguiser des techniques d'assaut, de déplacement, d'infiltration, de repli et de défense en réalisant, sous contrainte, des exercices qui simulent l'action de combat. Les répétitions des manœuvres n'ont qu'une limite : leur déroulement abouti et fluide. On n'arrête l'exercice que quand il est parfaitement accompli.

Ce soir-là, nous devons donc partir sur le lieu de l'exercice où nous devons être projetés de nuit, par un hélicoptère AS532 Cougar, directement sur l'objectif. Autrement dit, nous allons procéder à ce que nous appelons un assaut vertical par une descente en corde lisse. Technique qui permet de poser, en moins de 30 secondes, dix personnes opérationnelles en zone de combat. Nous prévoyons de nous munir du matériel habituel : gilet, armes, explosifs, J.V.L. quand, à 21 heures, après concertation, les chefs de section reviennent sur leur décision. Ils décident finalement de suivre le protocole classique en envoyant sur les lieux du drill l'équipe du 13ᵉ RDP, propre à rapporter les renseignements qui étayeront notre travail. Leur départ est donc prévu dans la soirée alors que notre brigade doit, elle, être mise en place le lendemain matin.

Nous profitons de cette halte malgré le tangage incessant du bateau, pour regarder un film dans notre salle de repos quand, soudain, sur les coups de 23 heures, on entend une détonation sourde qui précède de quelques secondes le retentissement de l'alarme du bateau. Entre les trois différentes alarmes qui peuvent sonner sur un navire militaire, celle qui avertit d'un homme à la mer se fait entendre.

Dans le doute et sachant que nous sommes spécialisés plongeurs, palmeurs multicapacités, notre chef de mission ordonne à une partie de l'équipe de mettre à l'eau l'ETRACO[23] pour venir au secours de la personne à l'eau, tandis que lui et moi montons sur la passerelle que nous traversons dans la nuit noire en direction du commandant en second, en charge de la surveillance du bateau durant la nuit.

Il nous annonce sans détour qu'un hélicoptère vient de s'écraser dans l'eau. Sans attendre, le quartier-maître allume les projecteurs, et nous voyons qu'avec la forte houle les débris s'éloignent à vue d'œil, ce qui pousse l'officier à envoyer des matelots marquer la zone de l'accident avec des balises.

Avec un réflexe de combattant, on demande s'il y a des artifices ayant pour capacité d'éclairer l'équivalent d'un stade de football pendant 1,30 minute, pour illuminer la zone de crash et avoir un visuel de la passerelle. En résumé pour avoir une vision large nous permettant de manœuvrer plus aisément dans la nuit opaque. Un marin va nous chercher les caisses d'artifice que nous nous empressons d'ouvrir avant de très vite réaliser que, à l'intérieur, toutes les munitions sont détrempées et par là même inutilisables. Ainsi fonctionne la loi des séries, les catastrophes, les accidents, les problèmes de toutes sortes sont les premiers révélateurs de contretemps, d'incidents et de complications.

Il faut se le dire, les revers de la vie vont au minimum par paire, mais cela, c'est sans compter qu'à cet instant précis nous étions tout simplement face à un réel désastre. Les hasards de la vie peuvent nous tomber dessus comme la foudre et, dès lors qu'elle nous frappe, toute philosophie est inutile. Le temps ne

23 Embarcation de transport rapide commando.

s'arrête pas lors des tragédies, il file encore plus vite, prend de court, délaisse. Il faut donc, alors que les minutes s'égrainent à grand train, que nous agissions vite et bien.

Nous décidons de descendre sur l'ETRACO avec le médecin et l'infirmier afin d'organiser nous-mêmes les recherches. À bord du Zodiac, personne ne parle, les fronts sont soucieux, chacun semble réaliser le drame qui se joue autour de nous.

Sur les coups de minuit et demi, nous trouvons la queue de l'hélicoptère et envoyons deux plongeurs pour chercher sous la carcasse, en vain. On se décale doucement, jusqu'à découvrir, grâce au projecteur, un des deux pilotes qui flotte inconscient près de la tête de l'appareil. On avance doucement sur lui, deux plongeurs vont à l'eau pour le secourir tandis que les autres restent dans le Zodiac pour le tracter, quand, soudain, alors que le corps s'approche suivi des deux nageurs, nous constatons avec effroi que le pilote a perdu ses jambes.

Le docteur s'évanouit littéralement à la vue des membres mutilés. Notre infirmier prend tout de suite les choses en main, il constate que, en dépit de ses blessures, l'homme respire encore et s'occupe seul de lui prodiguer les premiers secours. Alors que le médecin, perclus suite à un grave état de choc, est pris en charge par un de nos hommes, nous partons en direction du navire pour le réanimer.

Lorsque nous arrivons à vue du bateau, l'équipage et le personnel soignant qui s'est massé sur le pont, au moment où l'on monte le corps, subissent la même commotion que le médecin, qui est d'ailleurs toujours hors d'état de pratiquer. On entend des cris, on voit des hommes et des femmes chanceler, défaillir pendant que ceux qui ne sont pas stupéfaits de terreur, habilités ou non, nous aident à rejoindre tant bien que mal l'infirmerie dans laquelle s'ordonnent les soins du blessé.

Nous repartons sans attendre sur l'ETRACO pour retrouver d'autres survivants, on sait bien que le temps est contre nous, que chaque minute qui passe nous éloigne d'éventuels rescapés et, malgré cela, nous nous devons de ne pas aller trop vite à travers les creux grandissants de la mer déchaînée, de peur de percuter un corps. Assez vite, nous retrouvons un pilote à l'avant de l'hélicoptère. Celui-ci est en hypothermie, visiblement traumatisé, il n'arrive pas à articuler un mot. Puis en naviguant en direction du navire afin de le ramener, on découvre, ballotté près de la queue de l'hélicoptère, un des opérationnels de l'équipe du 13e RDP. On se hâte de le sortir de l'eau et on s'aperçoit qu'il est lui aussi muet, frissonnant, livide.

On réalise en remontant sur le bateau que l'atmosphère est lugubre, les deux hommes sont emmenés à l'infirmerie par ceux qui veillent sur le pont pendant que nous remontons sur l'ETRACO pour continuer les recherches dans la zone. Sur ma montre, il est 2 heures du matin et, inlassablement, nous continuons l'exploration du périmètre à l'affût de nouveaux rescapés. À 5 heures, nous recevons du commandement l'ordre d'aller nous reposer pour pouvoir reprendre les investigations en plein jour.

Dans nos lits de fortune, nos yeux restent ouverts, arrêtés sur le fait crucial que nous devions être à la place de ces hommes, que nous étions initialement prévus pour entamer le drill, que nous aurions dû prendre cet hélicoptère, que tout aurait pu se passer autrement. Et par-delà ces assauts continuels d'hypothèses, les images des réunions passent et repassent dans nos têtes, les visages, les gestes et les paroles de nos frères d'armes résonnent, se mélangent jusqu'à me faire relever, comme pour ne pas me laisser écraser par le poids de ces violents remords.

J'erre alors sur le pont en quête de renseignements sur la localisation des naufragés. J'entends que le commandant est décidé à avertir les instances françaises au Gabon en vue de profiter de leurs ressources spécifiques. En effet, le Gabon est bien connu pour son intense activité d'extraction d'hydrocarbures. Et il y a précisément, au large du pays, de nombreuses plates-formes pétrolières avec des moyens humains et matériels propres à la reconnaissance sous-marine qui permettraient de retrouver les débris de l'hélicoptère Cougar, le deuxième pilote et le reste de l'équipe de la 13e RDP.

La matinée se déroule lentement, dans cette ambiance d'attente intenable dans laquelle nous emprisonnent les drames. Nous restons désespérément sur le pont, à guetter au loin dans les flots, qui sont redevenus étonnamment calmes, le moindre signe, le moindre indice. Devant nous, le va-et-vient de ceux qui ont recours à la cellule psychologique, constituée par le médecin, ne tarit pas. Logiquement, il y a beaucoup de jeunes, entre 18 et 25 ans, qui sont encore secoués par ce qui est survenu la veille.

La vie sur le bateau tourne au ralenti. Au loin, on entend des pleurs, et tous les regards sont empreints d'une sombre tristesse. Si la mort est, même pour nous, une chose difficile à concevoir, c'est que l'homme n'est tout simplement pas adapté au phénomène de la perte. Si nous vivons avec des proches un jour et que nous nous retrouvons le lendemain dépossédés à jamais de leur présence, nous restons dans l'impossibilité de comprendre cette injuste disparition.

Ce n'est pas parce que nous, forces spéciales, nous arrivons à vivre avec l'idée de la mort que, comme tout le monde, nous ne la craignons pas, au contraire. Mais il faut surtout dire que, à ce moment-là, toutes nos pensées vont vers nos frères d'armes, et bien sûr vers leurs familles, avec lesquelles, plus que quiconque, nous partageons la peine.

On annonce bientôt à notre groupe que le pilote du Cougar, qui avait été transporté à l'hôpital militaire de Libreville, est mort de ses blessures. Nous réservons l'information afin de ne pas aggraver plus encore le moral de l'équipage.

En début d'après-midi, un bateau de service maritime aux installations pétrolières offshore s'approche du Foudre afin de soutenir nos recherches. Nous constituons, mon équipe au complet, le médecin, l'infirmier et les deux ou trois personnes qui ont le courage de venir s'embarquer à nos côtés, ceux qui montent sur le bâtiment de la compagnie française Bourbon.

Très vite, le puissant sonar en fonction sur le navire localise les restes de la carcasse qui nous sont signalés sur l'écran de la console à une quarantaine de mètres de profondeur.

Sur le bateau, on fait appel à deux plongeurs spécialisés maîtrisant le matériel vidéo inhérent aux travaux en eau profonde.

Nous scrutons sur l'écran ce qu'ils voient dans leur descente, accrochés à leurs paroles qui, seules, nous éclairent à travers ce fond trouble retransmis là-haut. Progressivement, on comprend qu'ils affleurent une sorte de plateau sur lequel ils se posent.

En bas, dans l'opacité régnante, le premier plongeur nous affirme qu'il voit une ombre se dégager. Alors qu'ils se dirigent lentement vers elle, on commence à distinguer les contours de l'épave qui gît à quelques mètres quand, brusquement, tandis qu'ils continuent à se rapprocher, on entend un des plongeurs paniquer. Sa respiration s'accélère, vite haletante, on entend à grand-peine ce qu'il prononce d'une voix heurtée, et les mouvements de la caméra, accrochée à son masque, s'agitent et ne nous laissent plus percevoir qu'un brouillard indistinct.

On entend, au moment où l'image se stabilise enfin, le plongeur qui se hâte d'enclencher la procédure pour remonter. Il répète confusément qu'il ne peut pas faire ça avant de nous confier que la scène est véritablement atroce.

Nous nous concentrons sur le deuxième homme qui, malgré l'abandon de son collègue, poursuit courageusement l'exploration. L'image de l'hélicoptère se précise, posé à plat sur un grand rocher, nous découvrons à l'intérieur un spectacle macabre.

Le plongeur est face à cinq personnes, qui lévitent au-dessus de leurs sièges, encore attachés par leur sangle. Les corps sont gonflés, les yeux ouverts, le regard pointé et les bras tendus vers la surface.

Immédiatement, deux plongeurs de mon régiment s'équipent, descendent pour détacher les corps. Après avoir remonté le premier à la surface, nous nous mettons à quatre pour les sortir de l'eau. Devant ces cadavres lourds, boursouflés, qui semblent, de leurs yeux suppliants, nous demander une aide que nous n'avons pu leur fournir, le médecin faillit de nouveau. Ma formation prend les devants en dépit de la tristesse et de l'horreur qui ne cessent de nous assaillir. Le sentiment d'impuissance, d'accablement, de désolation ne facilite pas notre laborieux travail, qui est de détacher, sortir et remonter sur le bateau un à un les corps.

Sur le Foudre, l'équipage et les différents régiments assistent, choqués, à l'arrivée des cinq corps. Un abattement profond a succédé aux larmes et aux cris, l'amertume et l'angoisse ont pris possession du bâtiment à bord duquel subsiste un silence funèbre.

Le bateau part en direction du Gabon pour conduire les corps à l'hôpital militaire. En bon respect de la procédure, les corps y seront identifiés puis autopsiés en attendant leur rapatriement.

Deux jours plus tard est donnée une cérémonie au Gabon en compagnie du ministre français chargé de la Défense, Jean-Marie Bockel, les hommages étant présidés par le général Commins, commandant les forces de l'armée de terre au Gabon. Sous nos cagoules, nous vivons un moment très dur où l'émotion se conjugue avec la douleur de la perte. Après un discours qui nous rappelle la valeur de notre travail, la grandeur de ces vies sacrifiées pour le bien de la patrie et toutes les vertus qui les ont incitées à poursuivre leurs engagements, les cercueils sont placés au son des coups de fusil dans l'avion.

Tandis que, finalement, la situation se calme au Togo, nous rentrons à notre base à Lorient. S'il faut une conclusion sur cet événement, qui a été une véritable tragédie pour nous tous et bien plus encore pour les familles des défunts, je dirais un mot sur ce qu'on appelle la chance, ou la fatalité, sur ce degré d'imprévisibilité dans l'action qui fait qu'en entraînement, en mission, tout peut à n'importe quel moment basculer. Il ne faut pas oublier ce qui nous attend lorsque nous nous engageons ; il n'y a pas que l'ennemi, le matériel, les lois de la nature, qui nous exposent, mais il y a aussi et surtout nous-mêmes, la conduite d'un collègue, les décisions de la hiérarchie. Dans notre corps de métier, le danger est partout. Mon action, mes mouvements ont des répercussions significatives sur tout le groupe auquel je prends part. C'est d'ailleurs aussi pour cela que nos professions se concentrent en ce que l'on nomme « un corps de métier ». Dans celui-ci, nous sommes contraints à chaque instant d'éprouver ensemble notre vulnérabilité.

Pour en revenir aux causes de l'accident, elles ont été en définitive clairement établies. Lors du décollage, le bateau, poussé par les flots, est remonté par l'arrière et a percuté le retors de l'hélicoptère qui s'est abîmé dans la mer après s'être fracturé en trois morceaux.

« Je ne vous oublie pas. »

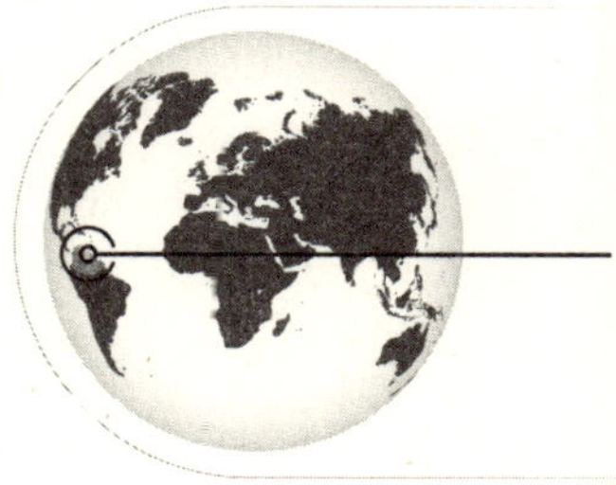

Narcos, lutter contre les éléments

Tout commença par la visite d'un haut gradé du Commandement des opérations spéciales (COS) à notre chef de mission : il était question d'intercepter des narcotrafiquants acheminant de grosses quantités de drogues par la mer, depuis le Venezuela, principal pays de transit de la cocaïne colombienne, vers une des plaques tournantes des Antilles, l'île de Sainte-Lucie. C'est précisément aux Antilles que passent plus de 30 % de la cocaïne destinée aux consommateurs de la Métropole. La Martinique et la Guyane, qui nous sont vantées pour leurs plages aux eaux turquoise, leurs plantureuses végétations, sont aussi les lieux favoris de transit de cette poudre blanche qui inonde depuis plus de quarante ans le marché européen. C'est la désastreuse route du café moderne.

Les informations de l'OCRTIS[24] et des renseignements américains se recoupaient sur une cargaison d'un gang de nar-

24 Office central pour la répression du trafic illicite de stupéfiants.

cos dont les membres avaient été infiltrés par plusieurs agents des services des Stups.

Il faut savoir que les forces spéciales françaises se composent de différents groupes d'alerte qui, selon leurs unités, doivent se tenir prêts à partir dans un temps prédéfini. Nous étions le groupe d'alerte numéro 4. Les informations recueillies, nous devions partir rapidement sur les lieux de la mission, précisément dans les eaux territoriales françaises situées au plus près de la cible, c'est-à-dire en Martinique.

Il arrive que nous soyons projetés sur les lieux d'action, selon les nécessités des objectifs, par des avions civils, mais la mission était d'une telle ampleur que, pour contrer la technologie avancée des narcos, nous avions besoin de plusieurs tonnes d'armes et d'équipements. Pour cette mission, le matériel à disposition était constitué d'un Zodiac Hurricane, connu sous le nom d'ETRACO, d'un hélicoptère SA365 Dauphin, d'un avion de renseignement de la marine atlantique ATL2, le tout appuyé d'une frégate de surveillance de la Marine nationale, le Ventôse. La disposition des équipements, la mise en place stratégique de l'armement sont toujours les conditions *sine qua non* d'une entreprise militaire, et plus encore quand elle met en jeu la vie des hommes qui la réalisent.

Nous avions donc rejoint la Martinique par un avion militaire afin de rallier le Ventôse. Alors que le matériel était chargé sur le navire, les renseignements américains nous transmettaient leurs données sur la date à laquelle allait se dérouler le go fast. On savait donc que l'acheminement de la drogue se ferait trois jours plus tard et, également selon les informateurs, que les trafiquants iraient du Venezuela à Sainte-Lucie. Mais un élément manquait : par quelle route maritime précise allaient-ils passer ? Ce dernier point de difficulté devait se résoudre par l'utilisation de l'avion ATL2, équipé de puissantes consoles traitant les informations, notamment grâce à un radar Iguane, un système de détection d'émission, un système de repérage infrarouge et douze personnes traitant toutes ces données pour localiser le hors-bord que nous devions intercepter.

Trois jours plus tard, au soir, l'alarme du bateau se met à sonner. Tout est prêt. Le chef de groupe monte au commandement, il revient vers notre équipe pour l'informer que le bateau des passeurs a été repéré par l'avion de détection et nous briefe une dernière fois sur la mission. C'est ce que nous appelons le pré-feu vert. Trente minutes plus tard, nous avancerons sur une embarcation rapide en direction des trafiquants qui se trouvent à une cinquantaine de nautiques[25].

Nous sommes toujours un peu nerveux après le point du commandant, mais il faut se servir de l'exigence du devoir, de l'évaluation des risques et de la pression de la hiérarchie comme un moyen de se concentrer, et ne pas se laisser griser ou, au contraire, angoisser par l'ampleur de la tâche. Le dernier moment de préparation est le lieu ultime de prévisualisation de la mission. En prenant nos armes, en préparant notre matériel, en vérifiant chacun de nos équipements, nous répétons intérieurement tous les gestes, toutes les actions et les mouvements qui transformeront un objectif virtuel en un succès véritable.

En dépit du temps qui est mauvais, il faut que nous nous placions le plus près possible des narcos afin de leur couper la route. Nous serons donc appuyés par l'avion ATL2, qui conti-

25 Environ 93 kilomètres.

nuera à nous donner des informations en direct, par un hélicoptère SA365 Dauphin et encore par le patrouilleur Ventôse sur lequel nous nous trouvions depuis notre arrivée en Martinique.

Pour arriver en temps et en heure sur les narcos, nous mettons les quatre moteurs de 250 chevaux de l'ETRACO à pleine puissance, ce qui nous entraîne à une vitesse de 60 nœuds[26] en direction du point de rencontre calculé par l'avion de renseignement. Mais notre progression est vite entravée par une mer des plus difficiles, et, au bout d'une heure de navigation à haut régime, des creux énormes se forment dans l'océan. De l'habitude de travailler sur l'eau naît un rapport très particulier qui lie l'homme à la mer. En tant que commando marine, on est profondément attaché à cette nature changeante qui s'étend partout à l'horizon et nous porte dans des mondes nouveaux, mais l'océan ne force pas que l'admiration, il nous oblige à le craindre, il soumet au respect. La mer nous donne une idée de l'infini, mais cet espace, lascif et calme, peut, d'un instant à l'autre, s'altérer en un cataclysme engloutissant tout sur son passage.

Nous sommes huit sur le hors-bord, et chacun de nous, dans cette nuit profondément obscure et qui ne laisse aucun point de repère dans l'espace, est entamé par les secousses terribles de la tempête qui, maintenant, se déchaîne. La pluie est redoublée par l'écume des vagues qui, à chaque seconde, claquent avec force sur nos corps détrempés. Au bout de deux heures, nous sommes véritablement glacés et, tandis que nous nous cramponnons à la pensée de ceux qui nous sont chers, plusieurs fois, tenaillés dans les creux funestes de la mer, nous évitons de justesse que le bateau ne se retourne. Et alors que

26 L'équivalent de plus de 110 km/h.

nous ressortons *in extremis* d'un immense gouffre qui nous assomme comme un mur de béton, je pense aux narcos, car je sais qu'ils comptent beaucoup sur la météo pour faire arriver leurs marchandises à bon port. Il fut un temps où les contrebandiers passaient leur cargaison par beau temps, sur une mer d'huile, mais après les premières vagues d'arrestations, ils se sont adaptés et ont pris l'habitude de travailler nuitamment et, si possible, par temps mauvais.

Le vrombissement du moteur et le fracas constant de la coque sur l'eau rythment ce manège infernal qui durera pendant quatre heures. Personne, dans ces moments critiques de l'existence, quand la pensée de la mort plane au-dessus de sa tête, ne peut demeurer intimement et parfaitement impassible. Accablé par l'adversité, il faut pouvoir quelquefois, dans ces conditions extrêmes, s'extraire de soi-même. Mais dans ce cas précis, la réalité nous tapait trop fort dessus pour que nous puissions, même une seule seconde, nous évader.

Nous nous accrochons, mes collègues et moi, à l'arceau qui surmonte nos sellettes de fortune, comme sur les dernières prises nous attachant à notre volonté, qui, certes, sont les plus robustes pour nous garder en vie, mais aussi les plus douloureuses, les plus âpres à soutenir. Comment imaginer, dans ces cas de figure, où notre devoir nous ordonne la réussite de la mission, que la confrontation directe avec les narcos nous apparaît tel un soulagement par rapport à ce que nous fait endurer la nature ? Tout mon corps est tiraillé par une sourde et profonde blessure. Dans mon esprit luttant pour dominer mes membres, une pensée ne cesse de passer et de repasser, celle de notre petitesse face aux éléments.

En levant les yeux vers mon coéquipier qui est assis devant moi, je peux sentir à travers lui la ténacité qui nous maintient droit dans la difficulté et je sais que, derrière moi, il y en a un autre qui s'appuie sur ma propre endurance, et je me répète pour tenir bon : c'est pour eux aussi qu'il faut que je tienne. Car il va s'en dire que, alors que nous ne nous connaissons pas ou uniquement par le biais d'exercices ponctuels dans la plupart des missions, nous sommes tous liés les uns aux autres par une corde de vie commune, inextricablement attachée à notre volonté personnelle. C'est l'appartenance à un même corps qui crée cette cohésion inflexible.

Néanmoins, j'ai la chance, cette fois-là, d'être avec mon équipe habituelle. Le commandement sait qu'un groupe entraîné ensemble, accoutumé à travailler ensemble a des avantages sur une équipe dont les membres sont étrangers. On se complète, on est plus fluides, et la compréhension et l'efficacité n'en sont que meilleures. Si par exemple, je tombe à la baille[27], la mission s'arrête, car mes coéquipiers feront tout pour me sauver en dépit du risque très élevé de noyade.

Le chaos ambiant n'empêche pas les informations d'arriver en continu sur l'ETRACO et, à 3 h 30 du matin, alors que le déchaînement de la mer ne faiblit pas, nous apprenons par l'avion furtif que nous sommes à 2 nautiques de la cible. Nous commençons à ralentir pour ne pas apparaître, à cause des chocs que notre bateau fait sur l'eau, sur leur radar. L'avion des renseignements nous informe qu'ils sont sept occupants et que leur go fast est motorisé avec quatre moteurs de 250 chevaux. Et je ne peux m'empêcher de penser que les trafiquants ne s'arrêtent désormais devant aucun obstacle matériel pour améliorer leur rendement.

27 Vocabulaire maritime, littéralement, aller à l'eau.

Le Ventôse duquel nous sommes partis nous suit toujours et, dessus, l'hélicoptère Dauphin est prêt à s'envoler pour qu'à bord un seul tireur d'élite muni d'un HK G3 puisse tirer ses puissantes munitions de 7,62 dans les moteurs de la cible. Les portes sont ouvertes, il est prêt, clampé, l'arme reliée à un récupérateur d'étuis et posée, pour une stabilité maximum, sur une sangle.

Nous avons le feu vert. Nous nous approchons doucement afin de couper la route au hors-bord du cartel qui apparaît, sur notre GPS, à une centaine de mètres de nous. La nuit est encore noire. Sur le bateau, nous sommes prêts à intervenir, en position, les deux premiers hommes de l'équipe sont placés à l'avant du bateau, avec un équipement lourd (casques et visières balistiques, gilets pare-balles en classe IV[28], fusils d'assaut HK G36 en calibre 5,56 avec laser AIM-1-DLR et des J.V.L.). Derrière, il y en a quatre autres en gilets, ils ont des casques antichocs et des armes longues HK MP5 en 9 mm (munitions qui limitent les dommages collatéraux grâce à leur bonne puissance d'arrêt, contrairement au 5,56), puis, au fond, un autre homme et moi, avec seulement une arme de poing, sans gilet pare-balles, pour faciliter la fouille.

Sur les missions de ce type, on privilégie toujours la souplesse et la rapidité à la force brute. Nous nous approchons donc le plus silencieusement possible quand, alors que le point du go fast clignote à une bonne distance de notre bateau sur notre balise, celui-ci surgit soudainement et manque, dans un vrombissement monstre, de nous percuter. Sans comprendre autre chose que le fait que nous venons d'éviter la mort de jus-

28 La classe balistique NIJ IV protège des munitions des armes de poing et d'une partie des munitions de fusils d'assaut.

tesse et tandis qu'il accélère de plus belle, nous nous mettons à le poursuivre.

Nous allumons un projecteur pour les dissuader de continuer, mais les contrebandiers jouent leur vie en traversant à vive allure des creux de plus de 4 mètres. Nous nous rendons vite compte qu'ils n'ont plus rien à perdre, et la course-poursuite dans les flots nous donne beaucoup de difficultés. Ils zigzaguent pour essayer de nous semer, mais le pilote[29] de notre embarcation s'acharne. Nous apprenons par radio que nous devons tenir un quart d'heure avant le renfort de l'hélicoptère. Des rafales de tirs éclatent sur le go fast, mais, heureusement, notre spot n'est pas allumé, je reconnais encore une fois le bruit si caractéristique de la kalachnikov, ce fusil d'assaut d'origine russe dont le claquement de la munition (7,62 x 39) est particulièrement violent et que nous retrouvons sur quasiment toutes les zones de conflit dans le monde. Nous tenons bon jusqu'à l'arrivée de l'hélicoptère qui se place dans les airs à quelques mètres seulement de leur bateau en les éblouissant avec une lumière puissante. Déroutés, les passeurs se mettent à faire des cercles afin d'éviter l'hélico qui ne les lâche pas et, derrière, nous continuons à les presser.

Acculés, au bout de trente minutes de chasse, ils commencent à jeter des ballots de cocaïne à la mer. Habituellement, les narcos rendent les ballots hermétiques et les équipent de balises GPS pour qu'ils flottent et qu'ils puissent s'en ressaisir plus tard. C'est pour cette raison que, chaque fois que nous les voyons se débarrasser d'un ballot, nous lançons des marqueurs à la mer afin de pouvoir retrouver la marchandise.

29 Il faut savoir que les ETRACO sont tellement puissants que les pilotes de ces embarcations suivent une formation intense et se spécialisent dans cette conduite rapide sur mer, ce sont des pilotes professionnels.

Peu à peu, le jour se lève dans une grisaille moite. Notre chef de groupe demande au sniper niché dans l'hélicoptère de se tenir prêt à tirer dans les moteurs pour tenter d'arrêter la cible. Après avoir essayé d'épuiser les occupants, nous utilisons le sniper de l'hélico en dernier recours.

Une minute plus tard, le tireur reçoit l'ordre de notre supérieur : il tire une fois, touche un moteur. Les trafiquants usent de tirs de représailles, mais, dans la foulée, le tireur d'élite, plus rapide, touche avec un deuxième tir, effectué avec un calibre perforant, trois moteurs d'un coup.

Nous sommes à une centaine de mètres des passeurs et j'entends l'hélico par radio qui nous informe : « Cible arrêtée. » Puis il continue à nous détailler les actions des trafiquants qui jettent leurs armes à la mer, leurs téléphones, des papiers, leurs sacs à dos et encore des ballots.

Nous devons agir rapidement. Pour nous, la pression est à son maximum. Nous fondons sur les narcos. Je les aperçois, ce sont des Sud-Américains à l'allure banale, des sortes de pseudo-pêcheurs en doudoune et en baskets. Sans doute des gens du peuple ayant succombé aux pernicieuses promesses des cartels. Ils mettent les mains en l'air en signe de soumission. Tout en les tenant en respect, nous amarrons sur leur bateau.

Sur l'ETRACO, tous les hommes du commando sont à leur place, les deux en équipements lourds se placent en triangle, de façon à couvrir la plus grande surface possible. Mon collègue au fond et moi-même sommes couverts par les quatre hommes qui ont leur MP5 braqué sur les narcos.

Nous nous plaçons à la proue de leur hors-bord et nous leur demandons, un par un, dans un anglais qu'ils comprennent tant bien que mal, de nous rejoindre avec les mains sur la tête, puis de se mettre à genoux. Et tandis que nous procédons à une fouille méthodique qui dure plus d'une heure et nous laisse éreintés, dans cette atmosphère éprouvante de fin de mission où l'erreur n'a pas sa place, le patrouilleur de la marine tourne autour de la zone afin de récupérer les ballots jetés par les trafiquants.

Je trouve des téléphones portables, des cartes d'identité, un GPS et même un Glock sur l'un des narcos, ce qui ne manque pas de nous maintenir, mes collègues et moi, en alerte maximum. Tant que la mission n'est pas terminée, nous ne pouvons jamais nous relâcher, le facteur risque est une variable imprévisible, ces hommes qui avaient l'air de paysans venaient de mettre en danger leur vie pendant quatre heures pour nous échapper, en risquant de nous tuer, mais aussi de se tuer. Sans compter qu'ils nous avaient bel et bien tiré dessus. L'habit ne fait pas le narco et, chez ces gens-là, aussi difficile que ça soit à concevoir, la vie a une valeur moindre que celle que nous lui donnons dans nos pays européens.

Toujours un à un, après avoir été fouillés, menottés, cagoulés, les contrebandiers sont transférés sur notre embarcation.

Nous procédons ensuite à la fouille du hors-bord, la fatigue se fait de plus en plus sentir, je suis harassé et, malgré cela, je continue activement les recherches de preuves. Il reste quatre ballots de 50 kilos de cocaïne au fond du bateau, un fusil à pompe et, dans la cale, nous trouvons une carte de Sainte-Lucie avec un point noir et, en dessous, des coordonnés GPS indiquant ce que nous supposons être le lieu de récupération de la drogue. La carte sera destinée à aider les services antidrogues américains à approfondir le démantèlement du réseau.

Pendant ce temps, le patrouilleur finit sa pêche aux ballots. Il récupère dans la mer 2,8 tonnes de cocaïne, sur un total, avec ce qu'il restait sur le go fast, de 3 tonnes. Nous n'imaginons même pas la valeur financière de cette prise.

À 9 heures, les narcos sont transférés sur le navire de la Marine à l'aide de harnais afin qu'ils ne se jettent pas dans l'eau, car il va sans dire qu'ils encourent des peines très lourdes.

Au même moment, je continue l'inspection du go fast et procède à une série exhaustive de photographies qui serviront de preuves dans l'enquête. Nous nous devons d'être polyvalents, flexibles et multitâches, nous pouvons sur une seule mission faire le travail de deux, voire de trois unités de services spécifiques (travail de douane pour la fouille et les preuves, travail de balistique quant à l'utilisation des armes, travail militaire proprement dit sur l'ensemble des manœuvres, travail d'investigation, de recherche et de secours, etc.).

Les trafiquants interpellés, nous sommes deux à rester sur leur bateau qui est tracté par le navire français. La mer s'est apaisée et, même s'il fait encore gris, nous profitons de l'accalmie pour manger les rations que nous avions prévues la veille. Quand nous sommes à quai, la pression se relâche enfin pour mes coéquipiers et moi.

En dénombrant le patrouilleur avec l'hélicoptère dessus, notre hors-bord, mes coéquipiers, sans compter l'avion tout là-haut et les hommes infiltrés dans les réseaux, en visualisant toutes ces forces déployées pour cette interpellation, je me mets à réaliser, en proportion, des moyens illimités dont disposent les cartels pour intensifier un commerce juteux qui ne semble pas devoir s'arrêter de sitôt. Les méthodes des narcos sont en perpétuelle évolution afin de contrer tous nos moyens d'interception. Il faut, pour se donner une idée de cela, avoir en tête que des narcos-sous-marins sont régulièrement interceptés par les services américains. Nous débriefons à chaud, le chef de groupe déroule toute la cinématique de la mission, toute la chronologie à la minute près, afin de mettre le doigt sur ce qui a fonctionné ou pas. Sans compter le nettoyage complet de l'équipement, très sensible au sel de mer.

À 13 heures, à la Martinique, nous remettons les membres du cartel à l'OCRTIS. Même si le travail a été très éprouvant, tant moralement que physiquement, cette opération à haute intensité s'est bien déroulée. C'est ce que l'on appelle une mission propre, il n'y a pas eu de blessé, ni dans nos rangs ni chez les narcos. Il y a sans nul doute bien assez de morts dus au trafic et à la consommation de ce stupéfiant qui, à la minute même, est déchargé par centaines de kilos dans les aéroports, gares, docks de toute la mégalopole européenne.

Exercice

S'habituer au froid

Une des difficultés particulières lors de ce Raid Narco, au-delà du caractère nocturne de l'intervention et de la mer agitée, fut le froid. Et c'est une difficulté très courante dans les interventions extrêmes, *a fortiori* quand elles sont sur ou sous l'eau.

Lors des premiers stages que l'on doit passer pour devenir commando marine, le froid est omniprésent. Sauter dans une fosse d'eau glaciale est d'ailleurs un exercice récurrent, pour habituer son corps à des environnements hostiles et à tenir dans la durée avec la sensation désagréable du froid.

Pour m'entraîner à cela pendant ma préparation, j'ai compris qu'il fallait que je trouve un moyen régulier et progressif de m'habituer au froid et que j'anticipe les situations d'exercice ou de mission que mon métier allait m'apporter. La douche froide allait être mon exercice de préparation, et ce pendant plusieurs années. Il est possible d'en prendre partout, la durée est parfaitement modulable… et surtout, c'est ce qui se rapproche le plus de la réalité. L'exercice est entièrement gérable seul, à la fois en température et en durée. Et en cas de début d'hypothermie, il suffit de se réchauffer avec une douche chaude, donc c'est un exercice qui comporte peu de risques.

L'exercice de la douche froide est un entraînement progressif qui permet de préparer psychologiquement son corps, mais surtout son mental, de se rassurer et d'acquérir de la confiance sur sa capacité à encaisser le froid.

L'exercice s'étale dans le temps sur plusieurs semaines, vous pouvez le faire chaque fois que vous prenez une douche.

Les premières sessions peuvent être relativement courtes, de 15 à 20 secondes. Ensuite, j'augmentais de 15 secondes en 15 secondes. À l'issue d'un cycle, vous devriez pouvoir tenir plusieurs minutes et ne plus avoir du tout peur de la « douche froide », voire l'apprécier.

Bien sûr, ce n'est pas parce que vous êtes à l'aise sous la douche qu'en situation réelle de froid soudain ou durable, cela se passera aussi bien. Il y a plein d'éléments qui vont rentrer en compte. Par exemple dans cette mission de Raid Narco, le froid se cumulait au manque de visibilité, à l'eau omniprésente, au matériel lourd porté sur soi… Pour une mission réussie, il faut que la somme de tous ces éléments qui augmentent les risques d'erreur soit maîtrisée.

Le conditionnement au froid présente aussi, au-delà de la simple capacité à ne plus sentir le froid et du fait que celui-ci ne soit plus (ou moins) un facteur d'erreur, un aspect de conditionnement mental. Pendant ces douches froides, le cerveau retient l'information et la sensation du froid et s'y habitue. C'est ce qui peut aider, en cas de situation extrême, à avoir la force de survivre au froid. Ce ne sera peut-être pas suffisant, tout dépendra de la situation, mais ce conditionnement est une chance de plus à mettre de son côté.

Pour varier un peu cet exercice de douche froide, vous pouvez aussi, pendant des vacances en bord de mer par exemple, ou bien au bord d'une rivière, d'un étang, etc., faire le même exercice en pleine nature, en faisant attention à avoir un moyen de vous réchauffer rapidement après votre exercice. Un exercice en nature est toujours plus proche de la réalité.

Le froid est une sensation atroce. Aucun surhomme ne peut y survivre sans limite, mais ce petit exercice de la douche froide m'a permis de tenir de nombreuses situations extrêmes, que ce soit le Raid Narco ou d'autres missions dont certaines sont relatées dans cet ouvrage. À la douche, 15 secondes avec le sélecteur à fond sur le bleu !

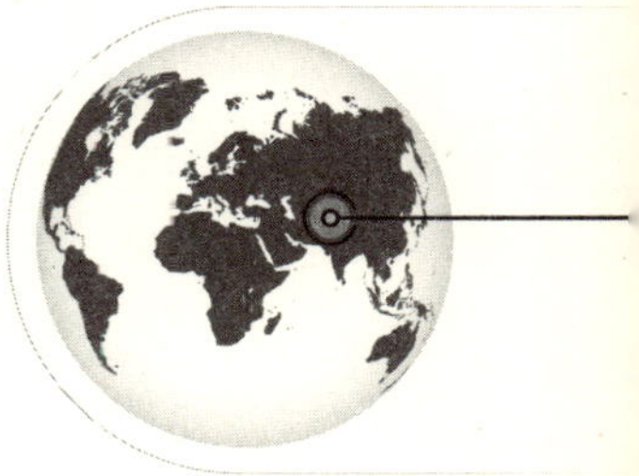

Drone, aller plus vite que l'ennemi

Cela faisait trois mois que mon groupe multipliait les missions en Afghanistan. Nous étions attachés à une base de déploiement située au sud du pays, tout près de la frontière pakistanaise, au pied de la chaîne de l'Himalaya. C'est justement lors d'un de ces froids matins de janvier, en allant au petit déjeuner, que nous sommes convoqués par notre chef de commandement pour une mission de récupération de drone en zone hostile. En tant que groupe d'alerte Q.R.F.[30], nous sommes les premiers disponibles pour ce genre de travail élaboré dans l'urgence de l'impératif.

Nous apprenons que le drone, qui appartient à la CIA, contient des informations de la plus haute importance sur un élément haut placé d'Al-Qaïda. La difficulté est redoublée du fait que le recouvrement doit se faire au plus vite. La mission, relativement simple au premier abord, se transforme

30 Quick Reaction Force. Le groupe d'alerte Q.R.F. est une unité d'élite pouvant répondre rapidement à des situations critiques, capable de porter assistance à des unités alliées.

en un soudain contre-la-montre. Chaque minute rapproche l'ennemi de la découverte et surtout de l'exploitation des différents fichiers du nano-ordinateur du drone qui s'est écrasé dans le nord-est du pays. Nous avons une demi-heure pour nous préparer. Bien entendu, même en cas de départ immédiat, nous avons toujours un sac de voyage avec le matériel nécessaire pour au minimum vingt-quatre heures de service.

On nous demande de rallier en véhicule roulant Kaboul, capitale de l'Afghanistan, qui se situe à une heure de notre camp. Là-bas, un hélicoptère Black Hawk nous attend pour nous amener sur une *fire base*[31] américaine où nous rejoindrons une équipe de Navy SEALs. C'est donc une mission qui se réalisera, pour plus de rapidité et d'efficacité, de concert avec les forces spéciales de la marine de guerre des États-Unis. On apprend dans le même temps que le drone a été sectionné en deux parties pendant le crash, comme l'indiquent les dernières émissions des boîtes noires de l'appareil. Ses deux balises sont situées à 5 kilomètres de distance dans différents villages.

On se retrouve en une vingtaine de minutes dans le véhicule qui fonce à pleine vitesse direction Kaboul. Ce n'est plus l'heure de se demander si nous avons les bonnes munitions, le bon accessoire qui s'enclenche sur la bonne arme, si notre gilet pare-balles est bien sanglé ou si nous avons pensé à changer la lunette qui, à la dernière sortie, défaillait. En une demi-heure, nous avons pris, vérifié, tourné, retourné et revérifié le matériel de sorte que celui-ci ne nous fasse pas défaut. Ignorer que son fusil est dégradé, c'est croire qu'on a un as dans son jeu et se rendre compte, en retournant ses cartes, qu'on avait seule-

31 *Une fire support base*, FSB, ou *fire base*, FB, est une installation servant d'appui de feu indirect à des unités agissant au-delà de la zone de feu.

ment un deux. D'où toute la préparation en amont sur toute la logistique. Préparation qui n'empêche pas d'ultimes vérifications. On n'est jamais trop prudent quand la prudence ne nous coûte rien. Dans le vif de l'action, chaque doute, chaque retour en arrière est un coup de perdu, une mise en danger de nous-mêmes et de notre équipe.

Sur la route, nous sommes obligés d'intimider les véhicules qui ne nous laissent pas passer. Déjà que le code de la route afghan ne connaît peu ou pas de règles, alors, en temps de guerres, chacun y va de son coup de volant et de sa bataille au klaxon pour tout et n'importe quoi. Dans cette cohue, on tire quelques salves sur le bitume pour écarter les véhicules les plus récalcitrants.

Nous arrivons bientôt dans le Black Hawk. Tous les ordres de la hiérarchie nous sont transmis en cours d'action étant donné l'urgence de la mission. Néanmoins, très peu d'informations nous parviennent du fait que la CIA filtre tout renseignement superflu. Durant le trajet d'environ trois heures, outre le fait – terre à terre, je vous l'accorde – que nous sommes obligés d'uriner dans des bouteilles, je contemple, sans toutefois oublier la dangerosité de ce simple vol, ce paysage grandiose, où la nature extrême s'épanouit dans une complexité de formes et de matières qui peuvent même me rappeler certaines contrées françaises. Plus généralement, une des choses les plus remarquables est ce désert orange qui se délaye souvent dans un rouge puissant. Il est jonché ici et là de bandes vertes, marquant les cultures locales, pavots y compris. Les lacs d'un bleu de saphir sont enclavés dans la roche des montagnes qui semblent, de toute leur hauteur, les défendre. La géométrie accidentée, variable des collines, des flancs, des coteaux si particuliers à cette région, qui met dos à dos des plaines herbeuses entrecoupées de fleuves et des volcans immenses nichés dans des zones au climat aride, est réellement d'une beauté à couper le souffle.

C'est aussi pour cela que le conflit est si problématique, la terre sur laquelle on combat est toujours le premier allié de ceux pour qui elle a été le berceau.

Je ne peux m'empêcher de penser au gâchis qu'a imprimé l'échec de notre civilisation sur ces villes en ruine, où le délabrement a supplanté tout ce qui fait le progrès moderne. Et dans le même temps, en traversant ce type de régions, c'est avec un immense respect que j'admire cette nature brute et indomptable, ces paysages où l'homme n'a pas encore réussi à fixer son empreinte.

Sur la *fire base* américaine, alors que les mécaniciens font le refuel[32] de l'hélicoptère, nous sommes rejoints par l'équipe de SEALs qui, à notre grande surprise, ressemble à des banditos de cartels mexicains. Nos chefs discutent ensemble, recoupent les informations relatives à la localisation des balises et coordonnent leurs briefings respectifs.

Nous repartons, au bout d'une heure d'arrêt, dans le premier Black Hawk tandis que les Américains se positionnent dans le second. Suivant la configuration en vigueur durant les vols en territoire ennemi, un Apache assure la protection de chaque hélicoptère.

On repart pour trois heures, en direction d'une zone reculée dans les montagnes d'Hindou Kouch. Notre chef en profite pour nous donner ses consignes et établir le protocole d'opération. Le drone étant en deux parties, nous fouillerons donc les deux villages l'un après l'autre pour plus de précautions. Nous

32 En français : ravitaillement en carburant.

nous établirons au sud du village pendant que les SEALs se placeront au nord pour faciliter l'exploration des compounds.

Nous sommes donc déposés à 1 kilomètre de l'agglomération. Nous restons toujours vigilants pendant une dépose en hélicoptère, car c'est une étape obligée et dangereuse, cruciale donc, où nous apparaissons à découvert. À partir de là, le contre-la-montre s'intensifie, nous nous approchons vite et en sécurité. Nos déplacements sont simples, nos appuis sont fermes. Les SEALs font de même de leur côté jusqu'au moment où nous nous retrouvons tous à proximité du patelin.

L'assaut est lancé. Il y a une quinzaine de baraques à fouiller. On a à peine le temps d'évaluer l'étendue de l'exploration que l'on entend une série de détonations. Nous comprenons immédiatement, par la reconnaissance de celles-ci, que ce sont les SEALs qui ont tiré. Nous savons bien que nous sommes dans un village qui protège les talibans et que la mort peut être derrière chaque porte que nous ouvrons, mais il va sans dire que le bruit des balles nous remet toujours une petite secousse nerveuse dans l'organisme.

Nous avançons vite, c'est de l'autre côté du village que la situation est tendue. À la troisième maison, on trouve dans le jardin des débris du drone, sans doute amenés là par des paysans afghans. On sécurise le périmètre pour examiner l'appareil, puis on prend des photos de celui-ci. On remarque que des émetteurs clignotent encore, mais que la tête de la caméra qui contient le micro-ordinateur n'est pas là.

À peu près au même moment, le chef des SEALs contacte notre chef de groupe pour lui signifier que deux fuyards sont en train de remonter vers nous au nord. Aussitôt, on se positionne pour les intercepter afin de les capturer vivants. Nous leur tendons une embuscade dans les rues du village pour les prendre en tenaille.

Trois minutes après, les talibans apparaissent au détour d'un croisement. Sur les deux, un seul est armé. Nous les tenons en joue pour les dissuader d'avancer. Le premier tombe à genoux pour se rendre. Le deuxième retourne son arme contre lui et se tire dessus. Dans les guerres de religion, car, de leur côté, c'est évidemment une « guerre sainte », être capturé est une déchéance qui, pour la plupart d'entre eux, est inacceptable. La mort, qui reste le synonyme de paradis pour ces gens, est une fin infiniment plus noble. La conséquence de cette situation est que l'existence, pour ces fanatiques, n'a pas la même valeur que pour nous. La vie n'est qu'un passage pour eux, pour nous, elle est tout.

Après avoir vérifié que l'homme qui s'est tiré dessus est bien décédé, on fouille l'autre, puis on lui passe des serflex et on le cagoule. Sans attendre, on annonce la prise aux Américains qui finissent d'examiner les derniers compounds. Nous apprenons, quand ils nous rejoignent, que leur service de renseignement a intercepté une conversation entre deux talibans. Celle-ci évoquait un drone ennemi récupéré pendant une nuit, qui serait dans l'attente d'être déplacé dans un endroit sûr.

On nous transmet donc de nouvelles coordonnées se situant à une vingtaine de kilomètres de notre position. Comme d'habitude, la CIA a mis les moyens pour cette mission : on sait, au compound près, où se trouve le drone.

On quitte le village en direction du point d'extraction. En attendant la récupération de l'hélicoptère, les SEALs et nous mettons en place une stratégie d'action dans un briefing à même le terrain. Notre équipe sera déposée à 1 kilomètre du village pour appuyer l'assaut vertical de leur troupe.

Les deux Black Hawks suivis des deux Apaches nous récupèrent et nous conduisent près du village. Nous sommes déployés en premier afin d'avoir le temps d'organiser notre soutien tandis que l'hélicoptère américain stationne dans les montagnes. Notre équipe se scinde en deux groupes de façon que nous puissions avoir une portée déterminante sur l'ensemble du secteur et que nous puissions ainsi couvrir de manière efficace l'action des SEALs. Pour ce faire, il y a deux snipers qui se placent à des points surélevés dans la montagne tandis que nous nous dirigeons au plus près du village et du compound pour traiter les ennemis éventuels et les empêcher de fuir. Bien sûr, notre prisonnier est, pendant ce temps-là, attaché et immobilisé dans l'hélicoptère.

On approche tout doucement du village en prenant le plus de précautions possible de manière à ne pas entamer l'effet de surprise que nos partenaires vont bientôt exploiter. La mise en place se fait donc en une bonne heure, au bout de laquelle nous trouvons des points d'où nous sommes protégés et prêts à tirer. On donne le feu vert pour l'assaut.

Le Black Hawk et l'Apache fondent sur le village puis ralentissent pour se placer en stationnaire au-dessus des jardins d'un des compounds. Tout s'enchaîne vite, *a priori* sans coup de feu. On entend à la radio : « Jackpot. » Ce qui signifie que les Américains ont en leur possession la caméra du drone. Sans attendre, ils rejoignent nos positions pour être récupérés et conduits par les hélicos à leur *fire base*.

Au total, la mission a été une course contre la montre de douze heures. Nous profitons d'une halte dans la zone américaine pour, comme l'indique la tournure, relâcher la pression. Nous n'avons pas arrêté pendant cette longue journée, déplacés d'un point à un autre, exposés, déployés, repliés, extraits, redéployés, nous avons tantôt servi de soutien, d'aide, d'appui, tantôt de moteur, de ressort à une opération qui s'est concrétisée au fur et à mesure qu'elle avançait. En arrivant, on réalise ô combien nous sommes fatigués : ce sont des missions qui peuvent paraître simples, mais qui laissent bel et bien des marques sur les visages.

Pour nous, l'important se résume, même si le succès de la mission est primordial, toujours en ces termes : n'avoir subi aucune perte.

Nous rendons le taliban que nous avons fait prisonnier aux services américains. Entre équipes, on se serre la main avant d'être invités dans leurs locaux. Nous passerons la soirée avec les SEALs avec qui nous discutons et échangeons de précieux liens. Personnellement, j'échange avec le chef mon béret vert contre un badge de leur unité. La soirée est très intéressante, on partage de nombreuses anecdotes avec ces hommes spécialisés dans des opérations propres à l'Amérique du Sud. On apprend par ailleurs que c'est la première fois qu'ils opèrent hors de leur théâtre habituel. C'est qu'à cette époque il y a tellement de mobilisation que les États-Unis sont obligés d'employer tous leurs effectifs. Quoi qu'il en soit, nous pouvons sentir ce profond respect qui unit notre équipe à la leur et qui fait de nous de véritables frères d'armes. Ce qui nous lie profondément réside dans le fait que, en plus de faire la même chose, nous combattons pour les mêmes valeurs.

Pour en revenir à la mission en elle-même, comme je l'ai précisé précédemment, c'est un succès, redoublé par le fait que nous n'avons eu aucun homme blessé ni tué. Tout s'est accompli très vite sans que les événements laissent une seule fois la place à la peur ou à l'appréhension. Nous avons verrouillé tour à tour les situations au fur et à mesure qu'elles se présentaient, de façon à ne pas avoir à subir une quelconque mise en difficulté.

Malgré l'enjeu important de la mission, qui, il ne faut pas l'oublier, était d'ordre prioritaire, nous ne saurons pas pourquoi nous avons personnellement été employés pour l'accomplir. Peut-être était-ce dû au climat de rapprochement qui régnait entre la France et les États-Unis, ou bien au manque d'effectifs ?

Ce qui n'empêche pas, avec le recul, que cette mission demeure un bon souvenir. Les heures de vol en hélicoptère restent gravées dans ma mémoire. La chaîne de l'Himalaya qui s'allonge avec toute sa richesse, à perte de vue, au-delà même de ce pays grandiose et malheureusement laissé exsangue et à l'abandon, offre une vue qui rend propice à la nostalgie, à la réflexion et aussi à la concentration. Même dans ces moments de latence où il ne semble rien y avoir à faire, nous pouvons repérer les signes d'une menace, car, malheureusement, il y a beaucoup d'hélicoptères qui se font abattre dans ce genre de conflits. Dans la vitesse, dans l'attente, durant l'action, durant les interruptions et même dans les moments de repos, rien ne doit être laissé au hasard. Il faut penser à tout, tout le temps. Voilà un autre résumé probant, je l'espère, du quotidien des forces spéciales.

Exercice

Anticipation

Dans des situations imprévues, voire critiques, seule l'anticipation peut nous empêcher de nous mettre dans des postures dangereuses. Dans cette mission par exemple, nous avions anticipé le sens de la fuite des soldats talibans lors de l'assaut des SEALs dans le compound.

Premièrement, donc, on doit simplement anticiper tous les besoins propres à une situation future. C'est « l'anticipation de préparation ». Il faut d'ailleurs différencier l'organisation pure de l'anticipation de préparation, l'anticipation est la partie la plus fine et la plus complexe de l'organisation qui, elle, est plus globale.

Je m'explique : personne au monde ne peut deviner si, le lendemain, on va être victime d'une agression, mais on peut intelligemment s'en protéger en se disant qu'elle est possible et, ainsi, s'y préparer de manière à l'éviter, la désamorcer ou la restreindre à une forme verbale.

On pourra par exemple se munir d'objets de self-défense, type porte-clé lacrymogène, de kits de secours, etc., et pourquoi pas pratiquer une série de cours de self-défense qui nous apportera les méthodes pour réagir efficacement à toutes sortes de violences.

Dans un deuxième temps, nous devons prendre le réflexe d'analyser, alors que la situation a commencé à se dérouler, le surgissement possible de chaque risque. C'est « l'anticipation de terrain ». Dans l'époque où nous vivons, les tragédies liées au terrorisme sont de plus en plus courantes ; une bonne lecture de la situation, une perception clairvoyante de son environnement peut nous prémunir contre ce genre de violence mortelle. Même si on n'est jamais à l'abri du pire, le but est néanmoins de minimiser les risques.

Dans tous les cas, si l'on veut qu'une technique d'anticipation fonctionne dans une situation de terrain du type de l'agression, on peut compter sur 1, la vitesse et 2, sa capacité à garder son sang-froid pour ne pas donner de prise à l'assaillant potentiel. La peur est un conductible, elle signalise la faiblesse et donne le feu vert à ceux qui peuvent nous vouloir du mal. Il faut donc toujours penser à garder son calme, même dans les pires situations (voir la technique d'optimisation personnelle, T.O.P., p. 79).

Souvenez-vous donc que, dans les lieux publics – restaurants, salles de toutes sortes –, il faut avant tout repérer les sorties de secours et, si possible, se positionner près de l'une d'elles. Au-delà d'une analyse simplement contextuelle, on doit aussi, et cela le plus possible, prendre garde aux personnes qui nous entourent. Dans la vie de tous les jours, le danger peut venir des objets (vélos, voitures, chantier), mais il résultera *a fortiori* plus souvent des individus. Les comportements suspects doivent être repérés le plus tôt possible afin d'échapper à leur menace.

Comme je l'ai dit plus haut, la mobilité est le premier rempart face à une agression ; dans le métro, n'hésitez pas à changer de place si quelqu'un d'ivre se colle à vous.

Messieurs et surtout mesdames, si vous sentez que l'environnement n'est pas favorable, ne vous arrêtez jamais quand on vous accoste dans la rue, un « non » franc suffira pour décourager les sollicitations abusives.

De la même manière, quand on est assis à une terrasse de café, ne laissez pas vos effets personnels traîner sur la table. Souvenez-vous que « l'occasion fait le larron » et gardez-vous des attitudes naïves qui n'attirent que les personnes douteuses. C'est seulement en dernier recours que l'on fera usage de la force, et ce dans le seul but de se défendre.

En voiture, prévoyez les comportements dangereux des autres automobilistes, ralentissez, doublez ou arrêtez-vous, mais ne restez pas près de ceux qui peuvent provoquer des accidents.

Choisissez toujours un positionnement qui optimise votre capacité à observer votre environnement et qui améliore votre possibilité de réaction vis-à-vis de celui-ci.

Si, à la lecture de ces lignes, on soupçonne encore que l'exercice d'anticipation tient plus du domaine du cinéma que du domaine de la vie de tous les jours, songez au risque que l'on prend quotidiennement en empruntant son véhicule.

Quoi qu'on en pense, la vie est un périlleux théâtre dans lequel chaque pas peut être sanctionné d'un écueil. L'intégration d'une grille de lecture efficace couplée à un arrangement préalable des moyens de réponse aux dangers de l'existence nous permettra de prévenir et d'éviter les situations les plus dramatiques.

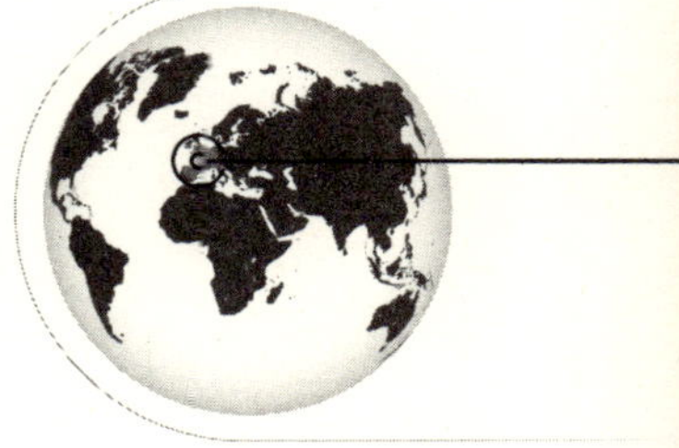

Équipe de France, casser ses habitudes

Un lundi matin de septembre 2011, alors que nous étions réunis autour d'un café, le chef de mission nous annonce qu'un ami, qui n'était rien de moins que le responsable de l'équipe de France de natation, l'a sollicité afin que sa formation effectue un stage au sein des commandos. Ceci en vue de renforcer l'esprit de groupe des joueurs lors des prochains Jeux olympiques de Londres. Il continue en déclarant qu'ils arrivent deux semaines plus tard, délai qui nous laisse amplement le temps de concocter les différentes épreuves d'une préparation de haute volée, à la hauteur de ces champions.

L'équipe de France est alors notamment constituée de Laure Manaudou, de Camille Lacourt, de Frédérick Bousquet, de Fabien Gilot, ainsi que de trois autres nageurs, de préparateurs et de coachs, pour un total de quinze personnes. Leur entraîneur avait donné au chef de mission comme consigne numéro un de les pousser dans leurs retranchements dans le but de faire ressortir leur personnalité et de renforcer l'adhésion du groupe. La pratique du stage commando se répand de plus en plus au sein de la communauté sportive française et même au-delà, sur un plan international où il jouit d'une réputation certaine faite de respect et d'excellence.

Le jour J, le chef de mission va récupérer l'effectif en compagnie du chef de groupe à l'aéroport de Quimper, effectif qui croit profiter d'une semaine de détente au centre de thalasso de Quiberon et pour qui, en réalité, nous avons configuré une semaine pleine de challenges faits de parcours aquatiques, de parcours de boue, de la fameuse et non moins glaciale cuve, de raids nautiques en ETRACO, de raids en kayak, de parcours du combattant, de sport de combat et enfin, pour souffler, de tirs.

On pourra aisément s'imaginer la stupéfaction des nageurs, quand ils se retrouvent, en descendant de l'avion, face à des hommes cagoulés qui leur demandent de les suivre. Ils se rendent très vite compte qu'ils ne sont pas venus profiter de massages, détox aux huiles essentielles, mais qu'au contraire ils vont passer un moment empli de difficultés de toutes sortes. Dès lors se dessine sur certains visages, alors que l'équipe se dirige vers notre centre d'entraînement de Lorient, une certaine forme de crispation, d'autres même se ferment carrément, alors que sur un ou deux subsistent encore quelques expressions positives.

À leur arrivée, le dimanche soir, mon équipe les reçoit dans la salle de réunion. Leur représentant prend la parole pour leur annoncer officiellement la supercherie, c'est-à-dire qu'ils sont réellement venus là pour effectuer un stage commando marine afin de renforcer la cohésion du groupe. Il ajoute en souriant qu'ils profiteront bien d'un court week-end en thalasso, mais seulement à l'issue du stage. Leur entraîneur donne ensuite la parole à notre chef de mission qui explique sans détour que, toute la semaine durant, ils vont être poussés dans leurs derniers retranchements au cours des missions les plus rudes, qu'ils vont avoir très froid, que leurs muscles vont les brûler, qu'ils vont transpirer, souffrir, et tout cela dans l'unique dessein de se connaître et de se dépasser. Ce faisant, il leur fait passer une boîte dans laquelle ils doivent ranger leur portable, leurs papiers et la totalité de leurs effets personnels.

Ce procédé sert à les détacher de leur quotidien, à les arracher à leur confort de pensée, enfin à les mettre hors du cercle de relations dont ils sont, par leur statut médiatique, bien souvent le centre. Ils sont ainsi dans la même configuration que tous ceux qui viennent faire le stage ; chez les commandos marine, on a à cœur de ne jamais faire de discriminations, qu'elles soient positives ou négatives. Car nous nous voulons tous égaux face à l'adversité.

Après le discours du chef de mission, on assiste à des réactions très diverses, certains commencent à jaser quand d'autres se montrent très motivés. Dans tous les cas, nous les laissons tranquilles afin de les retrouver frais et dispos pour le début des hostilités le lendemain matin.

Pour ne pas les brusquer d'emblée, nous restons dans leur domaine de compétences. On commence donc par la piscine le lundi à 8 heures, avec un parcours aquatique exécuté dans un bon vieux treillis militaire. Ils doivent premièrement sauter d'un plongeoir de 3 mètres les jambes liées, puis passer en apnée sous un obstacle pour enfin se libérer et attacher la sangle qui les enserrait à un anneau au fond de l'eau de manière à remonter à la surface après celui-ci. Nous passons ensuite à la cage à requin, exercice qui consiste à passer dans une cage ouverte en profondeur, puis à tracter un mannequin de 80 kilos sur 25 mètres et, pour finir, à l'extraire hors de l'eau par un plongeoir situé à 1 mètre au-dessus de la surface.

L'exercice se déroule bien, on voit que les nageurs restent dans un champ d'aptitudes qui se présentent comme presque routinières. Par conséquent, on décide de les sortir une fois pour toutes de leur confort en les emmenant à la cuve.

En haut du mur de l'enceinte, à 7 mètres de la surface, la cuve produit toujours son petit effet. La cuve en elle-même s'étend sur 50 mètres de diamètre. L'eau naturelle y est seulement changée tous les trois ou quatre ans, elle est donc presque opaque et d'un aspect peu accueillant ; de plus, elle se maintient à peu de choses près, le climat de la Bretagne aidant, à la température de 8 °C, soit 20 °C de moins que l'eau de la piscine. Devant ce spectacle impressionnant et sous le vent froid qui ne cesse de battre, le silence s'installe chez les nageurs. Ils regardent interdits les déploiements de l'équipe médicale et des plongeurs de sécurité à l'intérieur et autour du bassin avant de descendre eux-mêmes, un par un, toujours en treillis et suivis d'un plongeur, pour s'immerger entièrement dans l'eau glacée. L'exercice qui s'ensuit consiste à remonter sur une plate-forme et à plonger en vue de nager 25 mètres. Au bout de cette distance, on demande aux compétiteurs de rejoindre un plongeur à 5 mètres sous l'eau.

D'emblée, deux nageurs échouent sur cette épreuve ; comme prévu, on entre dans le vif du sujet. Le but de l'exercice est d'expérimenter la résistance à l'eau froide, car, à l'intérieur de cette matière inconnue de la plupart des hommes, qui est un véritable révélateur chimique, le corps est poussé dans ses limites : le cœur émet des battements proches de sa fréquence cardiaque maximale[33], la circulation s'améliore, le métabolisme s'accélère tandis que, au contraire, la respiration devient de plus en plus difficile, sans compter les autres réactions musculaires, comme l'irrémédiable barre dans la nuque ou les habituelles crampes aux mollets.

À midi, après un repas frugal au Mess[34] en compagnie des opérationnels des forces spéciales, d'élèves qui vont effectuer leurs stages et de tous les chefs, on donne rendez-vous aux champions sur le site naturel de la pointe de l'Espérance, aux alentours de Lorient, pour l'épreuve des 10 kilomètres de kayak qui, sur le papier et seulement sur le papier, a l'air des plus décontractées. En effet, le sourire des compétiteurs sera de courte durée, car, au milieu du raid, on demande aux différents binômes qui composent chaque embarcation de chavirer dans la mer, puis de remonter judicieusement, c'est-à-dire un par un, dessus. Ils repartent détrempés, encore et toujours en treillis, pour la dernière partie de l'expédition.

Néanmoins, à peine arrivés, alors que l'on peut discerner un réel soulagement chez les membres de l'équipe de France, une surprise les attend : elle consiste à revenir sur la base en longeant un fleuve, à pied, dans la boue, avec comme mission de ramener deux kayaks. L'exercice d'aguerrissement est agrémenté de situations de feu proches de celles d'un débarquement sur zone ennemie. On utilise ainsi, de façon à entraver une marche déjà lente et laborieuse, des grenades explosives, des fumigènes et des gaz lacrymogènes.

Alors qu'ils pataugent dans des mares de boue qui leur arrivent en haut des genoux, les corps sont déjà poussés dans leurs limites respectives. Pour avancer, les athlètes rampent,

33 En athlétisme, on parle de F.C.M.
34 Cantine militaire, restaurant où mange l'ensemble des officiers.

tirent ceux qui sont bloqués jusqu'aux hanches, portent coûte que coûte le matériel. Au bout d'une heure d'effort intense, on distingue ceux qui sortent du lot, qui remotivent les plus faibles, et on voit naître véritablement un second souffle de solidarité dans le groupe.

Quatre heures plus tard, le groupe arrive à la base, ahuri, usé. Les visages sont livides, les membres tremblants et, même avec l'accumulation des éreintements successifs, on peut percevoir que cette première journée a été bénéfique pour la cohésion et le renforcement individuel de l'équipe. On leur laisse donc passer une nuit tranquille afin que chacun d'eux mesure l'ampleur de leurs efforts et l'importance de garder une attitude altruiste, pour avancer ensemble de la meilleure manière possible.

Après ces multiples épreuves, nous leur octroyons en guise de relâche, le mardi matin, une séance de tirs avec nos armes pour qu'ils se détendent et, l'après-midi, nous leur faisons faire une course d'orientation de sorte que leurs jambes se décontractent.

Le mercredi à 8 heures, nous sommes de retour à la cuve, les signes de fatigue sont maintenant bien ancrés sur les nageurs : cernes, traits tirés, pâleur. La vision de la cuve et du parcours que nous avons installés à l'intérieur n'arrange rien. Il n'y a rien de pire que de croire avoir traversé la pire des épreuves et de la voir surgir encore une fois devant nous, comme une circonstance inéluctable. Nous les incitons, après les avoir équipés de Mae West, à faire un échauffement de dix minutes pour faire remonter la température de leur corps, puis nous les faisons plonger à partir d'une rampe qui avance dans la cuve. L'exercice consistera à faire le tour de la cuve en franchissant les différents obstacles ponctuant la traversée.

Ils doivent en premier lieu passer dans une cage à requin qui les oblige à rester 8 mètres durant en apnée, puis ils doivent récupérer, un peu plus loin, une arme posée sur une margelle à 4 mètres de profondeur, la remonter et la mettre autour de leur cou. Nous avons disposé, à mi-parcours deux Zodiac, l'un retourné, l'autre en position régulière, sur et sous lesquels ils sont tenus de passer. Ensuite, ils ont pour mission de tracter un instructeur au niveau du point de départ et, enfin, de remonter sur la plate-forme à partir d'une échelle spéléo fixée en pendulaire. Ce jour-là, il fait particulièrement froid, l'eau est à 7 °C. L'exercice est des plus difficiles. Malgré cela, on n'assiste, ce qui prouve aussi la détermination de l'équipe de France, qu'à un seul abandon.

Pour ajouter à la difficulté de la tâche, l'épreuve ne se termine pas avec le réconfort d'une couverture bien chaude, mais dans la nécessité d'attendre, sur le pont trempé et dans le vent, que tout l'effectif ait fini.

Juste après, nous retournons à la pointe de l'Espérance près du port, pour un exercice de traversée avec un équipement spécifique. Ici, la tâche, qui est de parcourir une centaine de mètres à la nage, est pour une fois relativement facile, mais le défi reste de ne pas paniquer quand on s'enfonce dans l'eau avec le poids important du matériel.

À midi, on ne les fait pas manger, on leur donne uniquement des rations de combat, afin de les mettre en situation. Puis, sans attendre, nous les invitons à préparer en moins d'une heure des Zodiac Futura[35] en compagnie d'instructeurs, de s'équiper en habits en néoprène, de chausser des palmes, dans l'intention d'effectuer un raid en mer avec un retour en

35 Petit Zodiac spécifique que l'on peut rouler et ranger dans les Zodiac ETRACO.

palmes. À 13 heures, donc, le raid, qui s'étend sur une vingtaine de nautiques autour de l'île Groix, commence ; heureusement pour eux, même si le ciel est gris, la mer reste calme. Comme ils sont équipés de tenues qui les protègent du froid, l'exercice est principalement axé sur le travail physique. L'accumulation des efforts rend les bras, le dos, les épaules, les cuisses et les mollets très lourds, cadenassés dans un étau que la volonté seule peut desserrer.

À 18 heures, on leur fournit une autre ration et on les emmène en bivouac pour dormir en forêt, de façon à les pousser dans leurs derniers retranchements. Ils n'ont pour dormir qu'un duvet et, bien sûr, pas de tente. On ne pourra réaliser qu'à condition de l'essayer la sensation qui découle de cette pratique. Dormir sans toit, même des plus vétustes, c'est renoncer à une protection à laquelle nous sommes habitués depuis toujours.

Pour ne pas faciliter la vie de nos athlètes, nous les harcelons à l'aide de grenades à plâtre et de fumigènes toutes les deux heures dans le dessein de leur dévoiler une petite partie de ce que vivent, sur le terrain, nos unités. L'exercice joue sur leur capacité à endurer les incidents pour tester leur lucidité dans des situations extrêmes.

Le lendemain matin, jeudi, nous avons rendez-vous à 7 heures au Mess pour un petit déjeuner chaud. En toute logique, tous les membres de l'équipe sont défaits, les têtes sont basses, les bras ballants, les postures rigides et les allures incertaines ; cette dernière nuit a sérieusement éprouvé, tant moralement que physiquement, l'équipe de France.

Le but de toucher aux limites étant largement atteint, nous pouvons sereinement commencer cette dernière journée par des épreuves de tirs. J'observe par habitude la différence avec la première séance qu'ils avaient pratiquée le deuxième jour, où les corps avaient encore de la réserve et l'esprit de la fraîcheur. Pour l'anecdote, j'en vois même certains qui piquent du nez entre les rafales de tirs. Autant dire qu'en situation de feu ces petits laisser-aller, qui peuvent paraître gentillets, se transformeraient sûrement en tragédie. La fatigue due au manque de sommeil, à l'épuisement généralisé, le stress, l'énervement et toute cette tension qui va avec les situations excessives altèrent les choses qui nous sont habituellement les plus agréables et les modifient en supplices harassants.

À midi, nous les honorons d'un repas normal en prévision du bon déroulement de la dernière activité, un parcours individuel dédié au CAC[36]. Sur 2 kilomètres, les champions doivent suivre en courant un instructeur aguerri, qui leur prescrit des exercices précis tous les 200 mètres. Avant cela, en guise de préparation apéritive, ils effectuent un parcours du combattant pour s'échauffer. Ensuite, ils frappent dans des *paos*[37] sans s'arrêter pendant 1 minute, grimpent une fosse à l'aide d'une corde, rampent sous des barbelés sur une dizaine de mètres pour finir par revenir sur le parcours du combattant en sens inverse afin de se battre, le temps d'un round de boxe pieds-poings, contre un instructeur. J'observe, étant celui qui leur fait face sur le ring improvisé, que les comportements ont changé ; Camille Lacourt, parmi d'autres, se surpasse, et Laure Manaudou se change en véritable tigresse. Ils terminent à bout, mais je vois qu'en dépit de ces épreuves ardues ils sont satisfaits de leur performance.

Le chef de groupe annonce la fin du calvaire. On les envoie à la douche et on leur donne rendez-vous le soir à la

36 Combat au corps à corps.
37 Bouclier de frappe utilisé dans les arts martiaux et sports de combat.

cantine pour débriefer. Lors de la réunion, le chef des commandos les félicite, comme on dit si justement, d'avoir tenu le coup. Les champions nous donnent leurs impressions, nous avouent les contrariétés et les difficultés qu'ils ont endurées durant cette période critique. Nous sommes heureux de voir qu'ils ont dépassé leurs limites et largement appris d'eux-mêmes. Nous échangeons alors avec eux quelques cadeaux en guise de souvenirs et nous clôturons cette semaine bien remplie par un bon repas.

Pour résumer, j'ai pu entendre et vérifier que l'équipe a gagné en cohésion, que chacun a compris l'importance primordiale du leadership ainsi que la nécessité d'un état d'esprit positif partagé par tous, y compris dans les moments d'intenses douleurs. Ils repartent donc le lendemain matin au centre de thalassothérapie de Quiberon tandis que nous nous replongeons, après cette semaine pédagogique où nous avons pu souffler, dans l'âpreté habituelle de nos missions.

Exercice

Sortir du confort

Le stage commando et les missions auxquelles j'ai participé année après année m'ont permis d'éprouver ce que nous apporte le contact immédiat à la nature. Nous vivons au quotidien dans un monde de confort où nos valeurs sont délayées par un trop-plein d'expédients et d'accessoires. Ce confort auquel nous sommes souvent attachés sans même le savoir peut nous déposséder de notre capacité à vivre avec nous-mêmes, à nous suffire de peu et à profiter de la présence de nos proches. C'est quelquefois même notre propre présence au monde que l'utilisation frénétique de la technologie peut dégrader.

Combien de minutes perd-on à explorer le labyrinthe sans fin des réseaux sociaux, combien d'heures sacrifie-t-on à des programmes télé que l'on n'apprécie pas vraiment et que l'on regarde néanmoins presque tous les jours ? Sans faire une critique totale et naïve de ce qu'engendrent nos rapports avec la technologie, j'ai pu observer, par exemple lors de ce stage de l'équipe de France, que la coupure avec le virtuel permet aux individus de se reconnecter avec l'instant présent, avec le groupe dans lequel ils sont et aussi avec ce qu'ils sont vraiment.

Les valeurs véhiculées sur tous nos écrans sont trop souvent des valeurs artificielles, qui nous imposent des codes dont la vie n'a finalement rien à faire. Redescendre sur terre, ce n'est pas forcément partir pour dix jours en randonnée avec un duvet et une tente, ça peut tout simplement être : commencer par s'obliger à ne pas aller sur les réseaux sociaux, ou, pour les plus téméraires, ne pas prendre son portable. Si cela est trop difficile, on peut le ranger éteint au fond de son manteau quand on est au bureau.

Sans se soumettre à des épreuves trop éprouvantes, on tentera, tant que cela reste raisonnable, de refuser le confort que nous concède la société. Pour revenir au simple fait de se reconnecter à la nature, combien sont ceux qui ont oublié l'effet que produit sur nous une journée de marche dans la forêt ? Un feu de camp à la belle étoile ?

De la même manière, on évitera toute attitude attentiste, toute posture ou l'on est assisté, par exemple celle qui consiste à faire ses courses sur Internet, et on se confrontera à la réalité des magasins, aussi peu glamour qu'elle soit. On ira aussi chercher son plateau de sushis au lieu de se le faire livrer et, si possible, on préférera marcher vingt minutes que de se commander un Über.

Dans un deuxième temps, on tentera de pratiquer une activité solidaire, ne serait-ce qu'une fois par an : donner de son temps à des gens démunis, de l'importance à ceux qui n'ont plus de considération permet de prendre conscience de la chance que nous avons. Ceux qui n'ont pas l'occasion de réaliser de telles activités pourront se contenter d'aider des amis ou de la famille, tout ce qui nous sort de notre confort et de nos habitudes est bon à prendre afin de voir la vie que l'on mène sous un angle différent.

Redescendre sur terre, c'est donc prendre le temps d'être lucide sur sa condition, de se recentrer sur ce qui compte dans sa vie en relayant au secondaire tout ce qui diminue notre capacité à être des humains dans la pleine acception du terme.

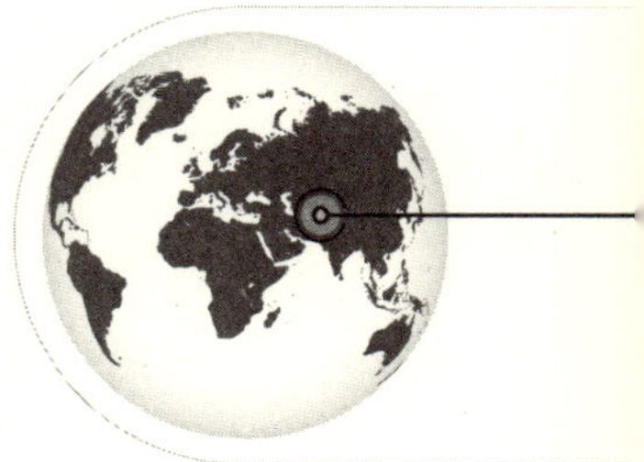

Opération HK35

Quand la mission s'est présentée à notre groupe CTLO[38] basé en Afghanistan, elle n'était, à l'évidence, pas autre chose qu'une opération de « *search and kill* ». Cela faisait des mois que nous étions en état d'alerte maximum pour la récupération de deux journalistes de TF1 retenus en otage par des terroristes talibans, Hervé Ghesquière et Stéphane Taponier. On était donc à cette époque dans l'extrême nécessité de recueillir, un à un, chaque élément pouvant nous permettre de gagner du terrain dans cette course contre la montre où se jouait, en fin de compte, la vie de ces ressortissants français.

En fin de matinée, un renseignement recoupé et corroboré par plusieurs services tombe ; immédiatement, étant donné la teneur de l'information, le processus de la mission est déclenché. Nous nous devons d'être très rapides, car la vitesse et la précision sont toujours les meilleurs alliés d'une récupération d'otages.

38 Contre-terrorisme et libération d'otages.

Sachant que, passé un certain délai, nous arriverons trop tard, on décide, en considérant la fiabilité du renseignement, de jouer notre va-tout en accélérant la préparation afin de partir le plus vite possible.

En fin d'après-midi, la préparation de la mission est achevée, nous sommes propulsés, sur les coups de 18 heures sur une base avancée de l'armée afghane afin d'attraper morte ou vive la cible en lien avec les preneurs d'otages. L'objectif est localisé à 3,5 kilomètres du compound où nous nous trouvons.

A priori, nous avons l'habitude de la cinématique de ce genre de mission qui consiste simplement à s'infiltrer à pied et à chercher une *target* à l'intérieur d'une zone habitée. Mais quand, à la première minute de celle-ci, dans la nuit noire, au sortir du poste de police où nous nous trouvions, on entend, non loin de nous, l'explosion tonitruante d'un tir de RPG-7[39], on pressent, dans notre for intérieur, que le travail risque d'être pour le moins épineux.

En comprenant que les tirs, qui viennent de l'autre côté, sont dirigés contre les forces alliées basées dans notre bâtiment, nous nous arrêtons pour rendre compte des hostilités au PCOPS[40] qui décide que la priorité concerne la mission d'infiltration. On ne doute plus que des talibans se sont mis en place dans les parages, et notre attention en est décuplée. Nous sommes en moins de cinq minutes plongés dans le cœur de l'action.

Néanmoins, on prend notre temps pour traverser les 3 kilomètres de plat qui nous séparent de la poudrière de

39 Acronyme des termes russes « Ruchnoy Protivotankovy Granatomyot » qui signifie « lance-grenades antichar manuel ». Cette arme est créée par les Soviétiques en 1961.
40 Poste de commandement opérationnel.

Bedraou, abritant la fameuse vallée des « douze villages ». Bien heureusement, l'habitation que nous visons se situe dans le premier village d'entre eux.

Il n'empêche qu'à 600 mètres de l'objectif on se fait déceler et, par conséquent, attaquer sur plusieurs fronts. Un modeste rappel de l'organisation servira l'imagination du lecteur : notre groupe est divisé en deux équipes ; la première, qui réunit douze hommes dans l'équipe assaut dont je fais partie, est placée en amont de la deuxième, composée de dix personnes, dont quatre de la FOS[41], qui, elle, servira de support et d'appui. Nous avons, dans les airs, le soutien d'un drone qui ne manque pas de nous indiquer que l'escouade supposée des talibans n'est en fait composée que de quatre personnes.

On entend fuser le tir d'un RPG : un mur est, à quelques mètres de nous, criblé de balles. Alors que tout porte à croire que l'on se fait « accrocher » par les talibans, on réalise que l'attaque est dirigée sur la deuxième équipe. Sans attendre, on contourne l'ennemi pour le prendre à revers en traversant un hameau de quelques baraquements et pour désengager le groupe d'appui.

Les J.V.N. nous permettent de voir passer deux individus qui se cachent derrière un mur. Mon chef de groupe tire une grenade de 40 mm dans leur direction. Les deux individus courent, un collègue s'occupe de l'un d'eux, pendant que l'autre réussit à s'enfuir.

Nous profitons de l'accalmie pour faire un rapport au PCOPS, en leur faisant savoir qu'on suppose que l'attaque était un moyen de nous retarder. Simultanément, le drone nous informe que la zone ne présente plus de danger.

41 Section de fouille opérationnelle.

Une fois arrivé devant le compound cible, je fais sauter la porte de l'habitation grâce à des explosifs. À l'intérieur, il y a deux individus en âge de se battre, dont l'un tient une kalachnikov. Il est évident que ce ne sont pas les cibles.

Les deux se laissent appréhender sans faire de résistance. Alors que notre traducteur les questionne, nous montons, mon équipier et moi, sur le toit pour tenter de visualiser d'éventuels déplacements suspects. Durant une heure, le drone tourne au-dessus du compound dans le but de repérer la cible lorsque, finalement, à 800 mètres, deux personnes sont dépistées à l'entrée d'une habitation.

On a le feu vert pour y aller, mais, à ce moment-là, l'équipe d'appui nous informe qu'elle a commencé à se faire encercler, chose que nous constatons du toit à l'aide de nos J.V.N.

Là-haut, on se prend véritablement la foudre, les tirs semblent arriver de partout. On est obligés de demander un appui aérien pour nettoyer la zone et, dans les minutes qui suivent, un hélicoptère Tigre[42] nous épaule à l'aide de son canon de 30 mm.

On respire un coup, tout en se disant que la mission a plus que mal commencé. En comptant la sortie du poste de police, c'est la troisième fois que nous nous engageons dans une confrontation directe. On commence à se demander comment cela va finir si les événements continuent à s'emballer ainsi.

Sans perdre de temps, on se dirige vers le compound dans lequel les cibles se sont échappées. Nous profitons de la topographie spécifique des villages locaux, tous traversés de murs

42 Hélicoptère de combat EC665 Tigre.

en terre épais et qui, ici, forment une sorte de couloir, pour nous protéger des tirs ennemis. On arrive cahin-caha à l'autre baraque, avec la nette impression d'avoir perdu 3 kilos de flotte.

Devant le compound, deux choses nous déconcertent : tout d'abord, l'entrée de l'habitation est entrouverte, chose peu commune dans ces pays où les logements sont normalement verrouillés. On se met en position, on jette une grenade à l'intérieur et on rentre. Après une courte perte de visualisation de la pièce entièrement noyée de poussière, on distingue progressivement, à l'horizon d'une petite lucarne, que les douze villages forment une immense étendue.

Derrière la maisonnette où nous sommes réunis, il y a une cour qui est flanquée à sa droite et à sa gauche de deux baraques de deux étages chacune. On se sépare en laissant, au cas où, un appui là où l'on est. Mon collègue et moi, nous nous chargeons de la maison de droite, pendant que deux autres se dirigent dans celle de gauche.

En entrant, je suis alerté par une deuxième chose, je tombe sur un groupe de femmes et d'enfants secoués de sanglots. Cela peut paraître bizarre, mais c'est une information connue dans ce genre de conflit que, si les enfants et les femmes pleurent, c'est qu'il y a dans le groupe des individus prêts à mourir. Après avoir sécurisé la pièce et posté un homme pour surveiller les civils, nous continuons notre avancée en direction de l'habitation d'en face.

À l'intérieur, nous tombons nez à nez avec deux individus. Tandis que le premier est neutralisé par une blessure par balle, le deuxième se rend. Dans le même temps, on entend à la radio que l'équipe d'appui à l'extérieur se fait attaquer, puis on nous informe que le drone a repéré plusieurs groupes de talibans qui ne cessent de gagner du terrain.

Sans en rajouter, à ce moment précis, on se prend littéralement un « g »[43] de pression dans la tête. Nous ne nous laissons pas dérouter pour autant et nous demandons, dans la foulée, l'appui aérien de l'hélicoptère Tigre.

Seulement, on nous répond que l'engin est parti sur une zone de ravitaillement et qu'il sera présent et opérationnel dans trente minutes. On doit tenir bon jusque-là même si les incidents nous inspirent de plus en plus d'inquiétude. L'angoisse n'est pas un état pour nous, ce n'est pas ce moment critique où l'on commence à paniquer et à fuir, c'est une sensation parmi d'autres, un indicateur que nous avons pris l'habitude de ranger dans la sphère de nos pensées. On ne lui laisse jamais prendre les commandes : au mieux, on s'en sert et, au pire, on l'oublie. On doit toujours aller de l'avant tant qu'il nous est encore permis d'y aller.

Alors qu'on se répartit en deux équipes pour fouiller le reste de la maison, l'homme placé en faction avec les deux prisonniers décèle une expression qui revient de plus en plus à la bouche des talibans : « Komando. » Celui-ci, vu la récurrence du mot, transmet l'indication au traducteur qui comprend qu'ils ne parlent pas de notre équipe, mais au contraire d'un de leur « commandant » qui se cache au premier étage. L'enjeu de la fouille se révèle donc être d'une importance considérable. On touche presque au but.

La première équipe, dont je fais partie, avance en direction d'un escalier exigu aux marches irrégulières, la seconde se

43 Le « g » est l'initiale de gravité. Il symbolise l'unité d'accélération correspondant approximativement à l'accélération de la pesanteur à la surface de la terre.

déploie sur un autre escalier au bout de la pièce, et le chef de groupe accompagné d'un homme monte sur le toit pour tenter de trouver un point de vue sur l'endroit où se terre le chef taliban.

Pendant que nous avançons difficilement dans l'escalier étroit, la deuxième équipe tombe au premier étage sur une porte piégée, et le chef essuie plusieurs rafales sur le toit qui manquent de le toucher.

En haut de notre escalier s'étend un couloir qui s'ouvre sur une pièce dans laquelle on aperçoit des ombres. On y jette une grenade pour sécuriser l'endroit, mais, alors qu'on avance, les balles pleuvent. Mon collègue se fait tirer dessus par un soldat en face tandis que, en même temps, je suis touché par une AK-47 d'un homme niché dans un recoin. J'ai à peine le temps de me relever, mu par un réflexe dû à l'adrénaline, que je vois mon ami s'écrouler dans la pièce en face et que, moi-même, je me sens tomber en arrière, dans l'escalier.

Au pied des marches desquelles je viens de m'effondrer, je suis pris en assistance par un infirmier. On m'emmène dans la pièce d'à côté, d'où je suis dorénavant l'action grâce à ma radio.

Il faudra une heure et demie à l'équipe pour finalement rentrer dans la pièce, en utilisant la ruse et un chien d'assaut.

Le chef taliban et ses hommes neutralisés et le bâtiment sécurisé, l'infirmier et deux collègues aguerris aux pratiques médicales descendent le corps de notre ami dans la cour. Après avoir tenté de le réanimer pendant de longues minutes, on prend conscience, presque malgré nous, qu'il a succombé.

C'est un immense coup dur, la perte de notre ami nous met au fond du trou. Pendant un instant, une amère noirceur obscurcit nos consciences. Alors qu'on accuse le coup à l'intérieur de notre compound, on entend à l'extérieur que la FOS et l'équipe d'appui subissent des tirs lourds.

Touchés au plus profond de nous-mêmes, nous comprenons néanmoins que, si nous ne faisons rien, la situation risque de complètement nous échapper.

Notre chef de groupe nous réunit alors autour du corps de notre frère d'armes, sa lucide expérience, le respect et la puissance des mots qu'il nous prodigue dans son discours funèbre nous donnent la force d'entreprendre, tous ensemble, pour nous et notre ami, l'exfiltration qui nous conduira hors de ce guêpier.

Encore une fois, même si nous sommes entamés, c'est la solidarité et l'esprit de groupe qui nous donnent la force de continuer à lutter. On demande une evasan[44] au PCOPS qui nous soutient que la récupération ne pourra se faire qu'à 1,5 kilomètre, aux abords d'un endroit sécurisé.

Nous faisons donc bloc autour de quatre hommes qui portent le corps de notre ami. Avec mes deux balles dans le bras, je m'établis, tant bien que mal, au-devant de l'escouade serrée que nous formons.

On avance doucement, méthodiquement, tout le monde fait son travail. Les équipes bien drillées sont des équipes rodées dont la compétence quasi instinctive permet de modérer un grand nombre de difficultés. Couplée avec l'instinct de survie, notre expérience de combat nous donne les moyens d'avancer à travers les tirs ennemis qui ont certes diminué

44 Abréviation d'« évacuation sanitaire », une evasan ou medevac (évacuation médicale) est l'extraction par une unité aérienne, terrestre ou navale d'une personne souffrant d'un problème de santé.

mais n'ont toujours pas cessé. Ne sachant pas si l'extraction se déroulera comme le PCOPS l'a prévue, nous faisons attention aux munitions : la nuit n'est pas finie et chaque balle compte, car tout peut encore arriver.

On traverse finalement les 1,5 kilomètre et, une fois près de la zone, deux hélicoptères Tigre surgissent pour nettoyer les environs. À 3 heures du matin, on reçoit la confirmation de l'arrivée de l'évacuation sanitaire.

L'attente se déroule dans une ambiance lugubre, l'immobilité soudaine de nos corps insuffle à nos esprits harassés la fatale réalité de la perte de notre ami. La tragédie de sa mort nous enveloppe tous d'un même voile, il fait froid, et moi, j'ai toujours deux satanées balles dans le corps.

Cela ne m'empêche pas de vouloir rester coûte que coûte avec l'équipe, mais, une fois que l'hélicoptère de secours atterrit, on m'oblige à monter dans l'appareil avec le corps de mon frère d'armes. À l'intérieur, l'adrénaline tombe, et je m'évanouis.

Deux jours plus tard, j'apprends, après mon réveil à l'hôpital, que mon équipe est finalement rentrée à pied pour se faire extraire vers 7 heures du matin de la zone par des véhicules blindés[45]. Nous sommes tous atteints par la mort de notre ami. La mission a été un lamentable échec. On a tous beau être prêts à affronter la mort, la disparition de notre ami nous livre à un profond abattement.

45 Les VAB, véhicules de l'avant blindés, servent communément de véhicules de transport pour les troupes de l'armée française.

J'ai reçu deux balles dans le bras, et mon gilet m'a préservé de deux autres balles. Coincé sur ce lit, je ne peux que me refaire la scène, mais, en y songeant, avec le recul, j'en conclus, non sans amertume, que le destin nous attendait bel et bien derrière cette porte.

À ma grande surprise, il y a un tas de gens que je ne connais pas qui passent dans ma chambre pour me saluer et me remercier pour le travail de notre équipe. En les écoutant nous témoigner une sympathie que nous n'entendons pas souvent, du fait que nous travaillons dans l'anonymat, je ne peux m'empêcher de me répéter que toute cette reconnaissance ne nous rendra pas notre frère.

Au-delà des résultats concrets qui ont découlé de la mission, c'est-à-dire l'élimination d'une trentaine de soldats talibans, d'un chef et, bien sûr, quelques mois plus tard, de la libération des deux journalistes Stéphane Taponier et Hervé Ghesquière, je garde toujours en tête le vivant cauchemar de cette opération.

Malgré tout, je sais que ça aurait pu être pire. Nous apprendrons que nous étions en fait sur les lieux d'une *shûrâ*, un regroupement exceptionnel de chefs talibans. Sans cette solidarité qui nous a maintenus dans un état d'esprit solide, nous aurions subi beaucoup plus de pertes. Il faut savoir affronter la mort en face pour pouvoir lui résister, pour ne pas se laisser mourir quand la vie nous échappe au point où il semble que nous ne pouvons plus nous en ressaisir.

Je pense que, dans les pires situations de l'existence, comme dans celle-ci, on ne se rend pas assez compte de l'importance d'une aide extérieure. On a beau être l'homme le plus courageux, le plus volontaire, le plus tenace, c'est toujours, à un moment ou un autre dans nos amis, chez nos familles ou simplement grâce à nos connaissances que nous pouvons trouver la solution à nos problèmes personnels. C'est aussi ça, être humain : savoir se tourner vers autrui pour avancer ensemble, aussi différents que soient nos buts.

J'aurais tendance à dire que, en tant que forces spéciales, nous sommes préparés à la mort, nous la frôlons assez souvent pour qu'elle ne nous effraie plus, nous l'envisageons bien trop pour en être affolés, mais ce que nous redoutons le plus, c'est l'absence que nous laisserons chez ceux qui nous aiment. Je ne sais plus qui a dit que l'absence, c'était l'enfer, mais je crois bien qu'il avait raison. Quand nous avons tous pris conscience que nous ne reverrons plus jamais notre frère d'armes, avec lequel nous avions passé des moments inoubliables, avec lequel nous avions échangé nos pensées les plus profondes, nous avons tous éprouvé l'insupportable poids de sa disparition.

Pour conclure, je voudrais adresser une fois de plus mes plus sincères condoléances à la famille de notre frère disparu lors de cette mission, laquelle, plus que personne, a enduré la peine infinie que nous laisse sur le cœur la mort de quelqu'un qu'on aime, qu'il soit fils, fille, père, mère, frère, sœur, femme ou mari.

Et je dirais un dernier mot sur toutes les familles des soldats disparus, toutes ces familles qui connaissent malheureusement elles aussi le poids de cette perte : je voudrais les remercier, car c'est sur elles que repose toute l'armée française. Ce sont elles qui sont présentes chaque jour afin de veiller et de soutenir ceux qui se sacrifient dans l'ombre pour que le pays entier puisse vivre dans la lumière.

Le maître Jonathan LEFORT
du commando Trépel tombé au champ d'honneur
au cours d'un accrochage en Kapisa (Afghanistan)
dans la nuit du 17 au 18 décembre 2010.
« STRONG » est mort en héros au combat,
face à l'ennemi en tête de la colonne du C.T.L.O.
dont il faisait partie.
Tes frères d'armes ne t'oublieront jamais.
INTERVENTION C.T.L.O.
COMMANDOS MARINE
Jonathan LEFORT
1982 - 2010
RB

Exercice

Sur qui compter ?

Comme vous avez pu le lire dans l'histoire de cette mission, il y a des moments où, dans la vie, la solidarité seule peut nous défendre contre les accidents les plus sévères et les maux les plus douloureux.

On a beau être quelqu'un de fort, il arrive toujours un moment où on a besoin de l'aide des autres. Les coups de la vie peuvent être si durs qu'ils nous mettent parfois plus bas que terre, et plus bas nous tomberons, plus nous aurons besoin d'aide pour remonter la pente.

Pas besoin d'aller chercher une situation de guerre comme celle que j'ai vécue lors de cette mission pour comprendre l'importance qu'a autrui pour notre santé et même souvent pour notre survie. Les accidents, les agressions, les harcèlements, bref ces malheurs de toutes sortes, desquels personne n'est à l'abri, représentent de bons indicateurs pour connaître les amis auxquels on peut réellement se fier.

Ainsi, on pourra par exemple se donner le temps d'installer la nouvelle option I.C.E.[46], largement répandue outre-Atlantique et qui se développe sur nos mobiles européens, laquelle permet d'établir une liste de contacts auxquels les secours se référeront en cas d'accident.

En plus de garantir que notre entourage le plus proche soit prévenu en cas d'ennui grave, établir cette liste est le moyen de prendre conscience du nombre de personnes pour lesquelles nous comptons réellement.

On prendra aussi le temps de réfléchir calmement à la personne qui se déplacera à l'hôpital, qui viendra à toutes jambes nous porter secours en cas d'agression et même simplement qui répondra au téléphone en cas de besoin urgent.

Il ne faut pas se bercer d'illusions, nous vivons dans un monde égoïste, ultra-individualiste et dangereux, qui nécessite de faire des choix. La plupart de nos connaissances sont là pour partager les bons moments : c'est déjà pas mal, mais seul un petit groupe de personnes, que ce soit de la famille ou des amis, seront là en peu de temps quoiqu'il leur en coûte.

Cela peut, entre autres, redonner de l'importance à des gens qui comptent vraiment pour nous et sur lesquels nous pouvons compter, ces amis véritables dont le total ne dépasse souvent pas les doigts d'une main, qui peuvent nous offrir le sacrifice d'une soirée, d'une heure ou d'une nuit sans se poser la moindre question.

Dans le même temps, on tâchera, pour donner un sens global et plus profond à l'exercice, de se demander quelle serait, *a contrario*, notre réaction si ceux dont on réclame l'as-

46 *In case of emergency.*

sistance sollicitaient la nôtre en cas de pareille urgence. De telle manière, nous jugerons de notre capacité à répondre présents dans l'éventualité où nos proches auraient un problème. Nous nous interrogerons alors sur notre aptitude à servir de soutien à nos proches ainsi que sur la valeur de ce qui nous unit.

Cet exercice, qui peut sembler banal, permet de recentrer autour de soi les proches qui comptent vraiment et d'analyser, au-delà de la simple question de leur assistance, le degré d'attachement qui se cache véritablement sous nos rapports.

Conclusion

Dans ce livre, j'ai voulu montrer la différence de taille qu'il y a entre les films d'action où le héros s'en sort toujours indemne, où tout se déroule miraculeusement bien, et la réalité à laquelle sont confrontés les hommes de terrain des unités spéciales. On se retrouve souvent sur le fil du rasoir, on perd des frères d'armes, on souffre physiquement, mentalement... Bref, tout ça pour vous dire qu'il n'y a pas de héros : nous sommes des êtres humains tout comme vous, et ce sont nos valeurs qui nous sauvent et nous permettent d'avancer dans la vie.

Ce livre est comme un guide pour ceux qui se projettent dans cette voie. Pour les autres, voyez-le, si possible, comme le moyen de prendre conscience des valeurs humaines qui nous permettent de faire face aux difficultés de cette vie particulière qui est malgré tout notre vie de tous les jours.

N'oubliez pas que, peu importent les horizons de chacun, la vie est un combat perpétuel avec des victoires, des échecs, des douleurs, des tragédies et que, pour y faire face, il faut être armé avant tout d'un mental solide mais aussi d'une ouverture d'esprit suffisante sur ce monde de plus en plus complexe. Ainsi, vous serez prêts pour tout, y compris pour vous mesurer plus sereinement aux imprévus du quotidien.

Remerciements

À tous ceux qui ont permis l'écriture de ce livre :
Guillaume Morel ;
Brice Pocheveux ;
Michaël Illouz : merci pour tout, frérot ! ;
Tof : merci pour tes précieux conseils ;
Vanessa ma femme : merci pour ton soutien indéfectible ;
Julien C. : merci pour ton aide ;
et, bien entendu, un grand merci aux éditions Amphora,
qui m'ont donné cette opportunité.

Profond respect à tous les commandos marine, mes frères d'armes du CTLO, du commando Hubert, à toutes les unités spéciales (1er RPIMa, 13e RDP, GIGN, CPA 10).
Votre travail est plus que nécessaire.

Une pensée toute particulière à mes frères d'armes tombés au combat, à Jonathan, à Cédric…

Merci également à ceux qui ont été des exemples pour moi :
Roge, Mad, Mimil, MP Thomas, Valum, Boris, Forna,
et tout mon groupe CTLO…

Table des matières

Tireur d'élite embarqué dans un hélicoptère en Côte d'Ivoire

Groupe de contre-terrorisme et libération d'otages avec les Navy SEALs pour la formation des forces spéciales camerounaises

Entraînement au SOGH (Saut Opérationnel à Grande Hauteur)

Protection maritime lors du G20 à Nice

Transport de véhicule Hummer U.S. par un hélicoptère Chinook

Équipe en mission en Afghanistan

Équipe de contre-terrorisme et libération d'otages en entraînement

Embarquement en hélicoptère Super Frelon

Entraînement à l'assaut vertical sur une frégate

Équipe contre les narcos en Zodiac ETRACO

Tireur embarqué et protocole de sécurité mis en place par les forces armées des États-Unis : deux hélicoptères de combat couvrent un hélicoptère de transport